2021
最美医生

中共中央宣传部宣传教育局 编

学习出版社

图书在版编目（CIP）数据

2021最美医生 / 中共中央宣传部宣传教育局编. --北京：学习出版社，2023.3
ISBN 978-7-5147-1177-6

Ⅰ.①2… Ⅱ.①中… Ⅲ.①医生－先进事迹－中国－现代 Ⅳ.①K826.2

中国版本图书馆CIP数据核字(2022)第176734号

2021最美医生
2021 ZUIMEI YISHENG

中共中央宣传部宣传教育局　编

责任编辑：李　琳
技术编辑：胡　啸

出版发行：	学习出版社	
	北京市崇外大街11号新成文化大厦B座11层（100062）	
	010-66063020　010-66061634　010-66061646	
网　　址：	http://www.xuexiph.cn	
经　　销：	新华书店	
印　　刷：	北京新华印刷有限公司	
开　　本：	710毫米×1000毫米　1/16	
印　　张：	12.5	
字　　数：	140千字	
版次印次：	2023年3月第1版　2023年3月第1次印刷	
书　　号：	ISBN 978-7-5147-1177-6	
定　　价：	41.00元	

如有印装错误请与本社联系调换，电话：010-67081356

前 言

为深入学习贯彻习近平总书记在庆祝中国共产党成立100周年大会上的重要讲话精神，大力弘扬伟大抗疫精神，激励广大医疗卫生工作者锐意进取、砥砺奋斗，在第四个"中国医师节"到来之际，中宣部、国家卫生健康委向全社会公开发布2021年"最美医生"先进事迹。

邢锦辉、吴安华、邱玲、汪四花、张颖、张忠德、赵扬玉、顾玉东、童朝晖、路生梅等10名个人和医疗人才"组团式"援疆团队光荣入选，并特别向为新冠疫苗科研攻关拼到生命最后一刻的赵振东研究员致敬。

他们中有的初心不渝攀登医学科学高峰，带领我国手外科跻身世界领先水平；有的长期奋战新冠肺炎疫情防控和救治一线，千方百计阻断疫情传播、挽救患者生命；有的千里支援，上高原、入苗寨，用满腔热忱助力当地医疗技术水平提升；有的悉心守护、无悔付出，为妇女儿童撑起健康保护伞；有的扎根基层数十载，甘做农村群众的健康守门人……他们的身上，体现了在党的领导下卫生健康事业一切为了人民健康的根本立场，反映了一代代医疗卫生工作者传承红色基因、赓续红色血脉，以医者仁心书写护佑生命的动人篇章。

为持续做好先进典型的宣传学习工作，我们收集整理了2021年"最美医生"的事迹材料，讲述"最美医生"的从医感悟，激励广大医疗卫生工作者纷纷以"最美医生"为榜样，不断修医德、行仁术，践行"敬佑生命、救死扶伤、甘于奉献、大爱无疆"的崇高职业精神，在健康中国建设的道路上砥砺前行，为推动卫生健康事业高质量发展不懈奋斗。

目录
contents

邢锦辉
扎根基层，为村民撑起健康"保护伞" …………………002
乡邻们的健康守护者 ……………………………………005
悬壶济世在山村　妙手仁心暖乡邻 ……………………010

吴安华
生命至上，人民至上，这便是我的初心 ………………018
拼尽全力，为一线医护人员建起一道安全防护墙 ……023
医者仁心　师者风范 ……………………………………028

邱　玲
为"大病不出藏"贡献力量 ………………………………034
倾情援藏　无悔选择 ……………………………………037

将国际标准实验室建到雪域高原 ················· 040

汪四花

　　为人民健康保驾护航是一辈子的职责 ············· 046

　　千里入苗疆　仁心为乡亲 ····················· 049

　　千里入苗乡的"白衣天使" ····················· 053

张　颖

　　疫情防控不松懈　守护万家灯火 ················· 058

　　为大爱而逆行　展大美于平凡 ··················· 061

　　疾控界的"女福尔摩斯" ······················· 065

张忠德

　　"战胜疫情，我的信心很足" ···················· 070

　　特殊的第 12 次出征 ··························· 075
　　——"德叔"援港抗疫记

　　抗疫"老兵"张忠德：深耕中医 34 年，
　　　　12 次出征战疫情 ························· 079

赵扬玉

　　为每个家庭守护新生的孩子 ····················· 084

　　赵扬玉：历经烽烟　方得行云流水 ··············· 087

　　妙手扶桑梓，仁心济妇婴 ······················· 094

目 录

顾玉东

"最美医生"顾玉东:听党的话,学白求恩,
做好医生 ……………………………………………102

顾玉东:别让病人带着希望来,带着痛苦走 ……………107

顾玉东:我手携我心 …………………………………………113

童朝晖

为守护人民群众生命健康冲在一线 ……………………124

战疫"老兵"童朝晖:白衣为甲 信念为矛 ……………128

33年间,从不想学医到不能放弃 ……………………………131

路生梅

"只要群众需要,我就在这里扎根" ……………………………138

在黄土地上 用坚守诠释"医者仁心" ……………………142

一诺五十年 扎根为人民 ……………………………………145

医疗人才"组团式"援疆团队

千里援疆仁心护——医疗对口援疆结出硕果累累 ………150

杏林春满暖天山 ………………………………………………155
——医疗人才"组团式"援疆工作纪实

从"输血式"向"造血式"支援转变
留下"带不走"的医疗队 ……………………………………163

特别致敬：赵振东

"科学探索必须有一股钻研到底的精神" ················166

生命永远定格在战疫一线 ················171

赵振东：疫苗研发的幕后英雄 ················176

视频·链接

谱写护佑人民健康新篇章——致敬 2021 年
　"最美医生" ················182

最美 2021 医生
ZUIMEI YISHENG

邢锦辉

扎根基层,为村民撑起健康"保护伞"

◎ 姚 鹏

邢锦辉的父亲是黄梅当地德高望重的名医,受父亲熏陶,邢锦辉从小就立志当一名医生,为乡亲们解除痛苦。1989年初中毕业后,邢锦辉便随父学医行医,1993年到湖北黄梅县卫校妇幼专业脱产学习三年,1996年毕业后一直扎根基层从事乡医。

"凭良心做人,依道德行医"是邢锦辉秉承的行医准则。在20多年的行医生涯中,邢锦辉不辞辛苦,用妙手仁心为农民朋友撑起了一把遮风挡雨的健康"保护伞",用实际行动谱写着乡村医生的颂歌。近年来,邢锦辉先后被评为湖北省十佳优秀乡村医生、全国抗击新冠肺炎疫情先进个人,荣获全国五一劳动奖章。

她常说:"一名医生不但应有高超的医术,更要有全心全意服务病人的医德。"在行医生涯中,她始终把医德作为乡村医生的灵魂。

行医20余年来,邢锦辉认真贯彻执行《乡村医生从业管理条例》,坚决从正规渠道进药,从不在药的质量和价格上打主意,保证群众用药安全。在临床工作中，邢锦辉详细了解病人的病情，千方百计为患者设计最好、最省钱的治疗方案，尽最大能力帮助他们早日康复。她坚持开小药方用普通药，十几年来，邢圩村医务室看病便宜而且效果好，在黄梅孔垄、蔡山一带是出了名的。不仅本村村民"小病不出村"，而且附近乡村村民、社区居民和企业务工人员也纷纷上门求医。此外，邢锦辉还竭尽所能为乡亲们减轻负担，对孤寡老人、丧偶、残疾等特困病人实行免费治疗，对孕妇实行孕期免费检查，20余年累计为困难群众减免医疗费用近40万元，并从2009年7月起，分几次捐款20万元，资助全县最偏僻的柳林乡卫生院门诊大楼改造，帮助山区改善医疗条件，赢得了社会的高度赞誉。

身为乡村医生，邢锦辉多年来潜心探求中西医结合的科学治疗方法，辨证施治，对症下药，按不同的疑难杂症选用不同治疗方法，精湛医术远近闻名，20多年来先后为近10万名患者解除了疾病痛苦，邢圩村医务室的墙上也挂满了奖状和锦旗。由于名声远播，每天来邢圩村医务室找邢锦辉看

◆ 邢锦辉查阅患者就诊资料

病的人多达三四十人，周边乡镇甚至邻近地市的患者常常不惜长途跋涉前来求医，不少村民更是把她当作身边的"女华佗"。"虽然很累，但有乡亲们的信任，我感到自己挺幸福的，有成就感。"邢锦辉感慨地说。

《中国妇女报》2021年8月18日

乡邻们的健康守护者

◎ 胡 蔓 龙 华

2021年8月19日是第四个"中国医师节"。近日,全国10名医生和1支团队被中共中央宣传部、国家卫生健康委共同推选评为2021年"最美医生"和"最美医生团队"。黄梅县孔垄镇邢圩村卫生室村医邢锦辉成为湖北省唯一当选者。

把脉、问诊、抓药、详细解释药的用法,即便时针已悄悄指向22时,49岁的村医邢锦辉依旧一丝不苟。25年了,她几乎天天如此。"人命关天的事,可马虎不得。"8月16日,夜色早已深沉,在黄梅县孔垄镇邢圩村卫生室,邢锦辉送走最后一位患者,拖着疲惫的身体回家。此时,家人们摆在桌上的饭菜早已透凉。

帮助患者更好地生存、生活是职业价值所在

出生在行医世家的邢锦辉,似乎对行医有着天然的着迷。爷爷是名郎中,专为人接骨;爸爸是名中医,也是当地有名的"赤脚医

生"。或许是目睹过许多患者喜极而泣的场面,"医者可以悬壶济世"这个质朴的信念,早已深埋进她幼小的心灵。长大了一定要当一名医生,为乡亲们行医治病。

1996年,从县卫校妇幼专业毕业的邢锦辉,如愿当上一名乡村医生。但困难接踵而至,没有患者,往往一坐一天的"冷板凳"。更为严酷的是,卫生室狭小、低矮、破旧,一到冬天,呼呼的北风从窗户缝里钻进来,刺骨的冷。

"必须改变卫生室现状,让乡亲们真正感受到家门口的健康服务。"邢锦辉笃定决心。她一面如饥似渴地研读古医书,一面拜师学艺。

第一次触摸到"成就感"的情景记忆犹新。一位邻镇的妇女,结婚多年没有怀上孩子,四处求医无果。邢锦辉详细了解病情后,对症中药调理3个月,使她终于看到了当妈妈的"曙光"。但不久,孕妇发现盆腔囊肿,又找到邢锦辉。凭借扎实中医药功底,邢锦辉继续给予药物调理,2个多月后,囊肿消除。孩子满月后,这名妇女抱着婴儿高兴地到卫生室报喜。那一刻,邢锦辉激动得热泪盈眶。

一次次"药到病除"让邢锦辉声名鹊起。十里八村的村民们赶过来了,外省的患者也慕名来求医。

一面面锦旗挂满卫生室墙上,在邢锦辉看来是鼓励,更是嘱托。

农村疑难杂症多,治疗要花费更多心血和耐心。为了使病人配合治疗,邢锦辉印制了"医嘱",从饮食调节、卫生等细节叮嘱患者需要注意的事项,免费发放给患者。而为了更好地解除患者病痛,2003年,邢锦辉筹资近4万元对原医务室进行翻修,并添置了医疗设备。

25年来,经她诊疗过的患者超过13万人次。"虽然,每天从早上7时忙到晚上10时后,回到家脚都肿了,但有乡亲们的信任,我感到自己很幸福。"邢锦辉感慨地说。

成为村民信赖、"靠得住"的健康守护人

"做一名医生,要对得起良心。"邢锦辉把这视作自己的行医指南。

"邢医生开的药很便宜。"患者桂女士拿着处方说。两年了,她一直在这里看妇科病,每月平均药费不足800元。

20多年来,邢圩村卫生室看病便宜且效果好,在黄梅孔垄、蔡山一带出了名。不仅本村村民"小病不出村",附近乡村村民、社区居民和企业务工人员也纷纷上门求医。

"开小药方,用普通药。"邢锦辉说,"对于常见病,比如感冒、发烧、拉肚子等,普通药和贵药的效果没太大区别。如果开贵药给病人,医生收入是增加了,可病人怎么看得起病?这样昧良心的事,我做不来。"不能在药价上打主意,保证群众用药安全,这是卫生室恪守的规矩。

在邢圩村,邢锦辉的足迹遍布这里的山山水水。她耐心、细致地跟每位患者问病情、聊病史、了解家庭状况,做到心理抚慰解心结,对症下药除病疾;她分门别类为近20年来的每一个就诊者建立病历档案,为的是病情判断准确,优化治疗方案,减少患者治疗时间和负担。

"我们是健康守门人,应该守护好第一道防线。"白天村卫生室坐

◆ 邢锦辉坚持利用业余时间加强学习

诊,晚上微信问诊到转钟,是她的工作常态。2020年新冠肺炎疫情发生后,邢锦辉带领全家奋斗在抗疫一线。邢锦辉和哥哥邢久红早出晚归,日行2万步,敲门上百次,为村民测体温、普及防护知识。

医生应该理性严谨,散发人性温度和责任情怀

褪去荣誉的光环,生活中的邢锦辉一如平常的低调与质朴。她一直使用父亲从1958年沿用下来的办公桌,直到3年前因要适应电脑办公才不得已换掉。全家四口一直居住在县二医院狭小、简陋的集资房里。

舍不得给自己花钱的邢锦辉对患者却是出了名的大方。

从第一天当乡村医生起,她就有个执着信念:让困难群众也能看得起病。行医20余年来,她对孤寡老人、丧偶、残疾等农村特困

病人一律实行免费治疗；对孕妇实行孕期免费检查；对一时无钱或带钱不足的患者可先取药治病，下次来诊时再还欠款。

一想到邢医生帮着自己迈过了生命里的一道坎，孔垄镇周碾村76岁的孤寡老人陈奶奶禁不住老泪纵横。从2003年起，邢锦辉一直为她免费治疗，老人再也不用为医疗费发愁。

在邢锦辉的记忆里，究竟帮助过多少贫困的患者，已无法一一记起，但"邢医生从不会让我们看不上病"的点滴故事，却被这里的村民们争相传颂。

孔西村的王莉没钱看病，邢锦辉得知后，尽心为其免费医治了两个多月；蔡山镇二号洲村的高红，2004年不幸患上子宫癌，邢锦辉不仅免费为其中药治疗，还在年关时资助她300元置办年货。

从医20余年，她用大度的胸襟、大爱的担当，自掏腰包，为3000余人次困难患者，减免治疗费用共30余万元。

2009年7月，邢锦辉实现了自己一个更大的夙愿：筹款20万元，捐助地处偏远山区的柳林乡卫生院修建门诊大楼，改善医疗条件。面对竣工落成的门诊大楼，柳林乡卫生院院长王新权感慨万千："这里的一砖一瓦都凝结着一位村医的心愿——尽最大能力，守护一方乡邻健康！"

《湖北日报》2021年8月19日

悬壶济世在山村
妙手仁心暖乡邻

◎ 李曼英　孙　苗

2021年8月19日是第四个"中国医师节",中共中央宣传部、国家卫生健康委员会和中央广播电视总台联合主办《闪亮的名字——2021最美医生》发布仪式。10名医生被授予"最美医生"称号,其中,湖北省黄梅县孔垄镇邢圩村卫生室乡村医生邢锦辉成为2021年湖北省唯一获得该项国家荣誉的医生。

"其实我只是做了自己的本职工作,获得这样的荣誉,真的有些诚惶诚恐。心里想着以后一定要低调再低调,兢兢业业把工作做好。"在接受记者采访时,邢锦辉朴素地说,这些年,党和人民给了她许多荣誉,这些荣誉既是压力更是动力。她时常会告诫自己和孩子说:"一定要沉下心来把工作做得更好。"

牢记父辈教诲　坚守行善初心

邢锦辉出身行医世家，祖父做过乡下郎中，父亲是村里的赤脚医生。受此熏陶，邢锦辉从小就立志悬壶济世。

1993年邢锦辉考入县卫校，经过3年的学习，毕业后就一直扎根基层当乡医。行医路上，邢锦辉始终牢记父辈教诲：行医即行善。

工作中，邢锦辉总是反复与患者沟通，细心检查，从不放过一处疑点，同时对典型病例进行认真总结，积累临床经验。慢慢地，许多邻镇患者纷纷登门求医，经她治愈的患者越来越多。

曾有一位邻镇的妇女，结婚多年没有怀上孩子，四处求医无果，其家庭因此经常闹矛盾。2007年年底，该妇女慕名找到邢锦辉。详

◆ 邢锦辉耐心为患者诊治

细了解病情后，对症中药调理3个月，该妇女终于怀上宝宝。可不久后，该妇女怀孕早期发现盆腔囊肿，邢锦辉凭借多年的行医经验，继续给予中药调理，2个多月后，囊肿消除了，胎儿逐渐健康成长。

孩子满月后，该妇女抱着婴儿高兴地到卫生室报喜，感谢邢锦辉帮她实现了心愿，挽救了她的家庭。那一刻，邢锦辉激动得热泪盈眶。

坚持给困难人群免费看病

如今的邢锦辉是黄梅县孔垄镇邢圩村卫生室室长。在过去20余年的时间里，她在诊桌前见过无数张患者的脸，有的脸无可奈何地落着泪，有的脸露出难以启齿的羞涩，也有的脸因为病痛折磨憔悴无光。

"没钱看病，比没钱吃饭还要难。"邢锦辉说，没钱吃饭，还可以用其他的方式凑合着维持生命，无法看病，则面临疾病折磨的痛苦，甚至付出生命的代价。而大多数人生病只是暂时的，医生如果能帮助他渡过难关，他以后的生活就能好起来。有病没钱医，着实可惜。

正是因为这样的信念，多年来，邢锦辉始终坚持一个原则：对丧偶、残疾人减免治疗费，对孤寡老人、贫困户一律免费治疗。对一些特困户不但免费治疗，甚至还送钱补贴其家用。

2013年3月，一位姓桂的妇女带着一个12岁的女孩，从60多公里外的安徽省宿松县赶来找邢锦辉看病。当得知桂女士家里还有4个未成年孩子，最小的不到2岁，还有体弱多病的公婆，生计全靠丈夫外出打工维持，生活十分艰苦。邢锦辉精心为其医治，临别时还送其300元钱和一袋苹果，嘱咐她改善营养。经过4个多月的精心调理，桂女士身体明显好转，其间每次治疗，邢锦辉不收其一分钱，还赠送治疗药物。之后，桂女士对邢锦辉非常感激、念念不忘，专程将写有"医术高超、医德高尚"的锦旗送到卫生室。

热心公益捐资近80万元

除了孔垄镇邢圩村卫生室室长外，邢锦辉还有个身份，湖北省人大代表。邢锦辉在专心热情为病患服务的同时，还热衷于公益事业，热心帮助弱势群体，用爱心和担当彰显了一名基层医务工作者的大爱情怀。

2007年，柳林乡争取到了50万元卫生院建设项目，时任县人大代表的邢锦辉偶然了解到，该项目还有30万元的资金缺口。她与丈夫杨盛权商量说："我是人大代表，是医生，为山区人民解决医疗困难也是我的职责。"丈夫被她感动了，同意她通过县卫生局为山区的医院捐款20万元，为柳林乡卫生院的建设解了燃眉之急。

"我当时不敢跟家里人说这件事，就跟我爱人商量了。"捐赠这件事，邢锦辉瞒了父亲2年。后来父亲无意间知道了，只跟她说了句："我们生在这个年代，就应该这样去做。"

2012年，邢锦辉得知许多当地学生因家庭困难面临辍学困境，她主动与孔垄镇一中、张河中学对接，对22名品学兼优的学生进行资助。从初一开始到高中毕业，每年每人3000元，共资助近40万元，后来这22名学生全部考入高等学校深造。作为一名医务工作者，邢锦辉还积极帮助贫困户脱贫，为修通组公路募捐。据统计，这些年来，邢锦辉为社会公益事业共捐资近 80 万元。

一家六口上阵奋战"疫"线

邢锦辉一家目前有 6 人行医，3 名党员。2020 年新冠肺炎疫情来袭，一家六口奋战在抗疫一线，传为佳话。

邢圩村有村民 3700 多人。经排查，春节有 155 人从武汉返乡，其他外地返乡的有 440 人。从大年初一到疫情解封，长达 45 天的日子里，邢锦辉经受了身体、家庭、心理、责任的重重考验。

一身白衣、一只口罩、一个体温枪和一瓶消毒液就是她全部的"武器"。邢锦辉说，村里需要监测体温的人多，住得又分散，每天早出晚归，要走近 2 万步，敲上百次门。

"刚开始部分村民不理解。"邢锦辉说，总有人不自觉、不配合，甚至出现抵制，这加重了防疫工作的难度。在参与正常测温、消杀工作以外，她还一家家进行疫情防控知识宣传。邢锦辉的爱人杨盛权主动请缨，牵头在医院建立了有 12 间病房的隔离区。

"老公 20 多天没回家了，一家人都忙，连微信电话都没怎么联系。"邢锦辉说，杨盛权在建立医院隔离区时，为医疗防护物资匮乏而感到揪心，提议家里挤出资金捐点，夫妻俩一拍即合，捐出现金 4.7 万元和 3000 副医用手套。

正是在邢锦辉一家的带动下，更多的志愿者加入了他们的队伍，更多的人选择了支持和配合他们的工作。每天除了线下的工作，线上的工作也很繁重，以一对一回答村民问题为例，邢锦辉最多时一天要回复 400 多条。

"我既是乡医又是党员，疫情当前，没有理由后退。"最让邢锦辉欣慰的是，村里 595 名返乡人员中，无一人发热，也无一人感染。

邢锦辉用她的担当和奉献为患者提供优质服务的同时，也赢得了社会和患者的广泛尊重。邢锦辉对于获得的全国卫生系统先进工作者、五一劳动奖章等荣誉从不沾沾自喜，只是用心做好本职工作，更加为患者倾注爱心和奉献，把一次次荣誉变成爱岗敬业、奉献医者仁心的起点。

《楚天都市报》2021 年 8 月 20 日

最美 2021
医生
ZUIMEI YISHENG

吴安华

生命至上，人民至上，这便是我的初心

◎ 周阳乐　严晓博

2021年8月8日，从长沙赶至郑州抗疫一线；8月13日，从郑州转战扬州抗疫一线……

吴安华，平日里十分低调，说话不动声色，行事不露锋芒。而每每突发公共卫生应急事件时，总能在前线发现他的身影。

自2020年新冠肺炎疫情暴发以来，他曾到湖南、湖北、黑龙江、吉林、辽宁、新疆、河南、江苏等地指导抗疫，为群众和一线医护人员筑起一面面"安全墙"。

人们也许记不住中华预防医学会医院感染控制分会主任委员、中南大学湘雅医院感染控制中心名誉主任这些头衔，但只要看到吴安华的名字，总能感到一份满满的安全感。

在第四个"中国医师节"来临之际，中共中央宣传部、国家卫生健康委向全社会公开发布了2021年"最美医生"，吴安华荣列其中。面对这份荣誉，他说："我将一如既往，甘于奉献，献身保卫人民健康的伟大事业。"

"逆行"的背影，不变的初心

2021年8月18日晚11时许，记者连线了正在扬州指导抗疫的吴安华，刚散会的他介绍了当下的主要工作。

"我们主要是预防和控制医院感染，包括预防病人感染新冠肺炎、预防新冠肺炎病人发生其他医院感染、保护医务人员不感染新冠肺炎等。"吴安华表示，"我们所做的一切，都是坚持预防为主的方针，保护医患安全。"

疫情如溃堤，不迅速筑好防线就会冲毁一方安宁。而吴安华冲锋的目的，就是以最快速度搭建牢固无缝隙的"防护墙"，力挽狂澜，困住病毒猛兽。

2020年，他是湖南支援武汉的首位医务人员，一去便连续奋战了72天。妻子李凤云是看到朋友圈的信息后才知道丈夫出征武汉了。"这是他的工作，放心不放心都得去，我都习惯了。"李凤云既心疼又打心底敬佩。

"当国家和人民有需要时，我们就应该挺身而出。"吴安华是这么说，也是这么做的。1998年抗洪救灾、2003年抗击"非典"、2008年汶川地震救援、2014年抗击埃博拉和禽流感疫情……哪里有需要，哪里就有他"逆行"的背影。

"生命至上，人民至上，这便是我的初心。"吴安华坚定地说，"作为一名感控医师，必须坚持预防第一，救死扶伤。"

行走的"陀螺"

"新冠肺炎是传染性疾病,首先要防止它在医院里扩散。必须确保医护人员百分之百掌握防控知识,才能让他们上战场。"吴安华强调。

◆ 吴安华为一线医务人员讲解抗感相关知识

院感无小事。抗疫期间,他和其他专家一起,当起了"培训师",让所有医护人员先培训再上岗。为了争分夺秒与病毒赛跑,他每天都在赶场。

2020年在武汉的72天里,吴安华为125支医疗队近1.4万名医务人员做感控培训。作为医务人员的"守护神",他最早一批到达武汉,最后一批离开,为"创造全国支援湖北医疗队员4.2万余人无一人感染的'中国奇迹'"作出了卓越贡献。

"2020年德尔塔变异毒株给我们疫情防控带来严峻挑战，我们必须不断强化院感防控工作。"吴安华说。此轮疫情暴发后，他先后奔赴郑州、扬州等地，一方面狠抓院感防控，以及外围社区、乡镇的防控指导工作，一方面为定点医院救治病人给出专业意见。

8月18日，吴安华赶往扬州市一个120急救中心进行防控监督和指导。他实地查看其布局流程、工作方案和个人防护情况，进行评估并提出改进意见。路上来回花费了三四个小时，但他觉得很有意义。"当你看到所有党员干部、医护人员、社区工作者等一道团结一心，攻坚克难，你的内心是很感动的，一切的努力都很值得。"

他就像个行走的"陀螺"，高速旋转，不曾停歇。可快60岁的他，身体一直不是很好，2009年曾因心梗做过3个支架，需长期服用抗凝药物。"累，但必须坚持。希望通过培训，让大家更好地掌握防护知识，减少感染，这就是我坚持的信念。"吴安华坦言。

一生"医""师"，兼备双德

"医者，治病救人，救死扶伤，预防疾病，为人健康，医有医德；师者，传道、授业、解惑，教书育人，师有师德。"吴安华认为，"作为一名大学附属医院的医师，既要救死扶伤，又要教书育人，医德师德须兼备。"

2020年，吴安华获评"湖南省首届教书育人楷模"特别奖。无论是行医，还是育人，他都以身垂范。

在与细菌、病毒的交战中，吴安华不放过任何一个细节。每次会诊前，他会坚持对听诊器、手电筒等消毒，而结束患者检查后，立刻再消毒。他会细心观察学生接触病患后，是否正确地洗手，并及时对不到位的地方予以提醒。

"老师常说，对院感人来说，细节决定成败。只有预防做得好，才能减少和避免感染。"吴安华的学生、湘雅医院感染控制中心医生孟秀娟曾笑称，"在他的教育下，我们都成了'细节控'。"

吴安华平日话不多，学生说他最常挂嘴上的就是"多看病人，多解难题，多作贡献"。他在工作上对学生非常严格，但凡学生出现纰漏，便会公开批评指出问题，不太"留面子"。批评之后，他又会专门为学生"开小灶"，给学生做单独辅导。

吴安华教龄很长，教书育人已有 36 年之久。在他领导的全国医院感染监控管理培训基地中，累计为我国培训院感专业人才近 2 万名。他的学生，也活跃在疫情防控的各个战场，与他并肩作战。

可他仍感任重道远。"我们不仅需要培养专门的感控人才，还亟须在全医疗行业从业者中，普及感控知识。只有如此，才能对我们备战新发传染病的疫情防控，有更深远而重要的意义。"吴安华呼吁。

《湖南日报》2021 年 8 月 19 日

拼尽全力，为一线医护人员建起一道安全防护墙

◎ 段涵敏　罗　闻

"千万不要认为中国新冠肺炎疫情接近尾声，就可以歇气了。医院感染控制事关医患安全，必须始终保持战斗力。"2020年3月13日，记者电话连线中南大学湘雅医院感染控制中心专家吴安华教授，他的声音略显低沉沙哑，透着一些疲惫，但语气并没有丝毫懈怠之意。

这位年近六旬、心脏装着3个支架的院感专家，是湖南省首位赴武汉支援的医务人员。工作最忙的一天，他讲了7场课、450分钟。

"通过我们的讲解、培训、现场指导，让战斗在抗疫一线的医护人员不感染或少感染，这是我最大的动力和幸福。"

2020年3月5日，吴安华获"全国卫生健康系统新冠肺炎疫情防控工作先进个人"荣誉称号。

"快60岁的人了,依旧是勇猛的战士"

吴安华现任中华预防医学会医院感染控制分会主任委员,这是专业领域的"大咖"头衔,但他非常低调,媒体曝光率并不高。

2020年1月21日,接到指派后,吴安华独自一人登上了前往武汉的高铁,"当时以为只是去几天,拿了个小包就走了。"

彼时的武汉疫情形势严峻,他出征的车票被同事发在朋友圈后,在网络刷屏,网友们纷纷点赞"最勇敢的逆行"。他犹如"全民英雄"一般出现在聚光灯下。

"我们这位老主任平时为人低调、细致,是出了名的'老好人'。很多大型公共卫生事件,他都冲锋在前。快60岁的人了,依旧是勇

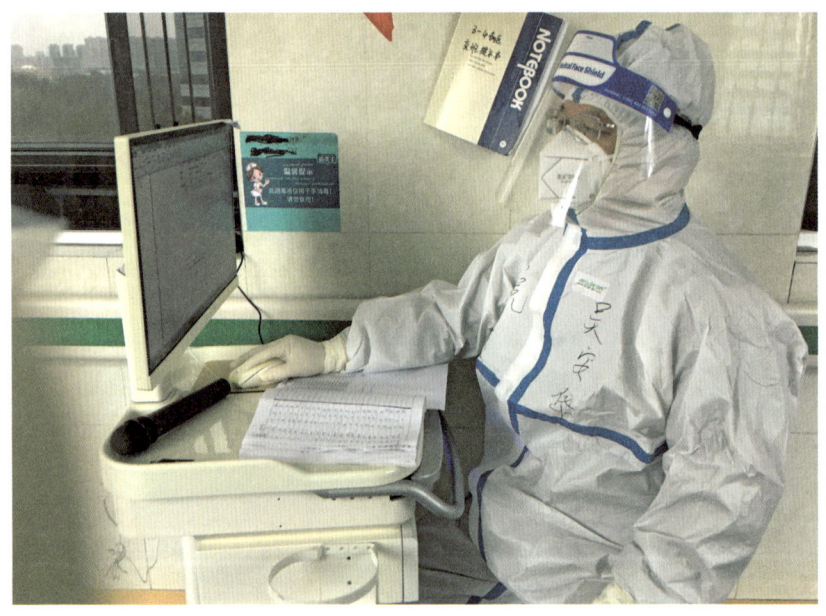

◆ 吴安华在工作

猛的战士。"同事黄勋教授回忆，2020年1月21日早晨，他还与吴安华教授一道在湘雅医院查房，"没想到，中午饭都没吃，他就饿着肚子去了车站。"

其实，临危受命奔赴前线，早就不是头一回了。吴安华曾参与过救治"非典"患者，也曾参加过汶川地震救灾和抗击禽流感。

一到达武汉，吴安华马上投入战斗。新冠肺炎是传染性疾病，首先要防止它在医院里扩散，要尽快制定出医院内新冠病毒感染预防与控制的指南。他和其他专家一起鏖战了一整夜。1月22日，这个指南就发布了。

"大部分时候，既没有会场，也没有话筒，站着'干吼'"

吴安华深入武汉市肺科医院、中南医院、金银潭医院等定点医院隔离病区时，敏锐地意识到，一线医生护士大多并非来自重症、呼吸等科室，院感防护知识相对缺乏，有可能造成严重后果。

"我们提出，所有医护人员必须先培训再上岗。"他说，越来越多的医护人员从全国各地而来，队员来自不同科室，对于新的传染病防护是不熟悉的，内心难免恐惧。再加上医护人员救治压力大，每天工作超负荷，容易被感染。

但前线的院感专业人才太少了。于是，他和李六亿教授、蒋荣猛教授一起，培训各地来的医疗队队员。

一场培训大概60至80分钟，医疗队在哪，他就去哪。1月27日，他早上8点出发，参加6场培训，培训人员近1000人，行程

268 公里，晚上 11 点回到住所。2 月 25 日，他又打破了自己的纪录，一个人讲了 7 场课、450 分钟，培训了 9 支医疗队、1182 名医疗队队员。

条件艰苦，苦中作乐，吴安华是个乐天派。"大部分时候，既没有会场，也没有话筒，站着'干吼'。没有投影，就把事先准备好的 PPT 发到他们手机里。每个人都特认真。"一张工作照中，吴安华穿着冲锋衣、球鞋，戴着口罩，手拿着大喇叭，站在户外一个楼梯上讲课。一米开外，围了一圈圈的医护人员。

"上海和广东医疗队，大年三十抵达的，估计年夜饭都没吃就出发了。"吴安华说，"这么多医护人员从各地而来，特别是看到许多 90 后、00 后稚嫩的脸庞，非常感动。"

"也累，就是想着再挺一挺。疫情防控初期，武汉有不少医护人员感染，特别痛心。我下定决心，要竭尽所能，拼尽全力，为战斗在一线的医护人员建起一道安全防护墙。现在看来，也熬过来了。效果应该还挺不错。"吴安华说，没想到挑战了自己的极限，他一共培训约 100 场、120 余支医疗队共计约 1.4 万人。

"一生所学，报效国家，是医生的责任"

其实，吴安华的身体不是很好。2009 年曾因心梗放过 3 个支架，需长期服用抗凝药物。妻子李凤云是看到朋友圈，才知道丈夫要出征武汉的。"这是他的工作，放心不放心都得去，所以我都习惯了。"李凤云说。

"面对狡猾的病毒，说一点不怕，也是假的。但职责所系，疫情面前，谁也不能置身事外，总得有人挺身而出吧。"吴安华说，"我是一个有30年党龄的老党员。一生所学，报效国家，是医生的责任。"

这位曾经的感染科医生，1997年服从医院安排，从自己热爱的传染病科转行从事医院感染控制事业，从此扎下根来。"预防做得好，就能减少、避免感染。为什么不做好呢？"吴安华常说"院感无小事"，凡是涉及患者与医护人员安全的事都是大事。

"不管是疫情防控期间还是疫情结束之后，我们都要重视医院感染控制，检视每一个细节。以后，可能还会出现其他新型传染病，应该好好总结一下，随时准备应对下一次挑战。"吴安华常挂在嘴边的一句话是"多加班，多看患者，多解难题"。

平淡真诚的一句话，却是掷地有声的誓言。

《湖南日报》2020年3月16日

医者仁心　师者风范

◎ 石祯专　刘　莹

他是勇敢的"逆行者",成为湖南支援武汉的首位医务人员;他在武汉奋战 72 天,和全国专家一起,创造了全国支援湖北医疗队员 4.2 万余人无一人感染的"中国奇迹";他是全国医院感染控制培训"第一人",35 年来,为国家培养 2 万多名专业人才……许多人都记住了他的名字:吴安华。

吴安华是中南大学教授、博士生导师,中南大学湘雅医院感染控制中心名誉主任、首席专家,全国医院感染监控管理培训基地负责人,中华预防医学会医院感染控制分会主任委员。2020 年教师节前夕,吴安华荣获首届"湖南省教书育人楷模"特别奖。"我既是医师又是教师,肩负着治病救人和教书育人的使命。作为老师,我最大的成就感就是将学生培养成才,他们能将所学服务国家、服务社会。"吴安华说。

"他总是冲在最前面"

2020年1月21日,一张长沙到武汉的高铁票刷爆朋友圈。当大多数人还在为迎接春节做准备时,58岁的吴安华却独自登上了赴武汉的高铁。作为国家级专家,他受国家卫生健康委紧急指派,赴武汉指导疫情防控,他是新冠肺炎疫情大规模暴发后最早到达现场的专家之一,也是湖南省第一位支援武汉的医务人员。

"国家有需要,我们应挺身而出。面对这么大的疫情,作为一个专家、一个医生,我不去谁去呢?"吴安华朴实无华的话语中透出坚毅。

"我的职责,是要帮助一线医务人员建起'安全防护墙'。必须确保医护人员百分之百掌握防控知识,才能让他们上战场。"吴安华说。

在武汉的72天,吴安华为120支医疗队近1.5万名医务人员做了感控培训,其中最多的一天做了7场,总时长7个半小时,培训了9支医疗队、1182名医疗队队员。最终,吴安华和全国的专家一起,创造了全国各地支援湖北的4.2万多名医疗队员无一人感染的"中国奇迹"。

4月1日,吴安华结束武汉的工作回到长沙,14天隔离期刚过,他又奉命奔赴哈尔滨、吉林、大连等地继续战"疫"。截至目前,吴安华已累计奋战133天(不含隔离期)。

"关键时刻,他总是冲在最前面。"湘雅医院感染控制中心副主任李春辉既是吴安华的学生,也是他的同事。他告诉记者,1998年抗洪、2003年抗击"非典"、2008年汶川大地震、2014年抗击埃博拉和禽流感……每次重大公共卫生事件，吴安华都主动请缨，冲锋在前。"作为感控人员，要有一种情怀，要有一种乐于奉献的精神。"李春辉多次听吴安华说过这句话。

"吴老师是行动派，我们都被他勇往直前的精神感染着。"国内疫情稳定后，李春辉积极报名参加中国赴津巴布韦和赤道几内亚抗疫医疗专家组，在非洲工作一个月。

他是播撒感控"种子"的人

1980年，吴安华以优异的成绩考入湖南医科大学（现中南大学湘雅医学院），1985年毕业后留校工作，担任传染科医生，并开始带学生。"我对传染病学有浓厚的兴趣，所以后来攻读硕士、博士，都是选择的传染病学专业。"吴安华笑着说。

1997年，吴安华的老师——湘雅医院感控创始人徐秀华找他谈话，希望他到设在湘雅医院的全国唯一的感染监控管理培训基地协助其进行管理。吴安华没有迟疑，立即赴新岗位报到，从临床医生转行为一名行政管理人员。

"院感，通俗地说就是预防感染。医院里有成千上万的病人，有的极具传染性，我们的任务就是采取严格措施，防止病菌传染。"吴安华说，小到一根棉签的去向，大到患者收治环境、防护标准、空气流向等，都需要运用院感知识去溯源、追查、管控。

35年来，吴安华从零起步，和团队一起培养了2万多名院感专业人才。这些播撒在全国各地的院感"种子"，许多已成长为各省、市医院感染质控中心主任，各大医院感控负责人、学科带头人，有的已成为国家级专家。

"这次从全国各地到湖北支援的 4.2 万余名医疗队员能做到零感染，也得益于我们历年来坚持做感控培训，打下了好的基础。"说到这里，吴安华一脸骄傲，"我呼吁医学院在本科阶段开设院感课程，让每一位医生、护士都系统掌握相关专业知识，即使今后再出现类似情况，我们也能应付自如。"

"他是我们的引路人"

"和善、严谨、低调、务实、肯教、注重细节、精益求精……"说起吴安华老师，同事和学生列出了一串印象"清单"。

"多看病人，多解难题，多作贡献"是吴安华跟学生说得最多的一句话。"对待患者要换位思考，多站在他们的角度考虑问题。"

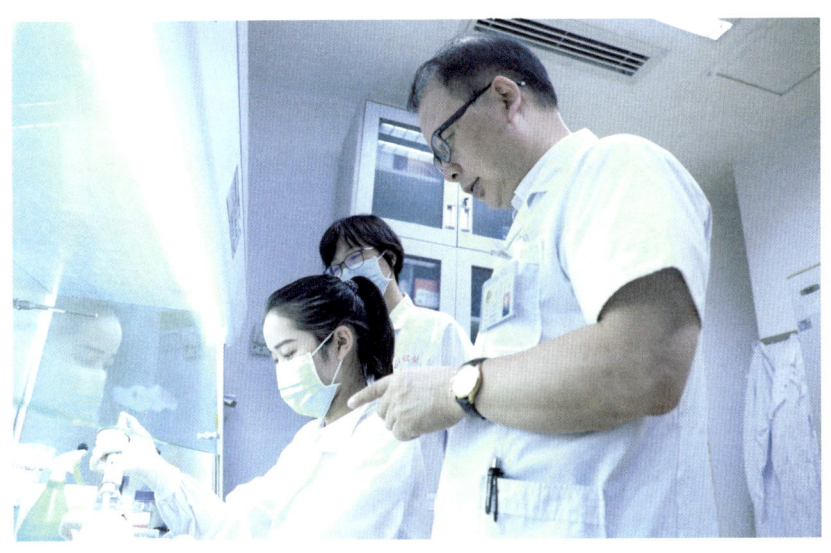

◆ 吴安华指导学生开展实验

一次，一位老年患者在人头攒动的门诊大厅彷徨失措，看到穿白大褂的吴安华从身边经过，立即向他求助。"走，我给您解决问题！"吴安华将老人带到诊室，为他仔细检查、看病，并给出治疗建议，老人满意而归。学生孟秀娟在旁边看到这一幕，对"医者仁心"这4个字有了更深刻的理解。

江西省中西医结合医院感染管理科负责人、主管护士王超是第69届进修班学员，2019年在湘雅医院院感科跟班进修了4个月。"带教过程中，吴老师要求我们每接触一个病人必须进行手卫生，对临床强调环境的清洁消毒，强调标准预防。新冠肺炎疫情暴发后，感控最核心的三大措施，正是他平时强调的个人防护、消毒隔离和手卫生。"王超特别感佩这位严谨务实的"引路人"。

"吴老师为人和善，特别擅长发现别人的闪光点，如果我们做得好的，他会及时表扬，做得不到位的，他不会直接批评，而是鼓励、引导我们发现问题解决问题，把工作干得更好。无论是做人还是做事，吴老师都非常值得我们学习。"同事左双燕说。

《长沙晚报》2020年9月7日

最美 2021 医生
ZUIMEI YISHENG

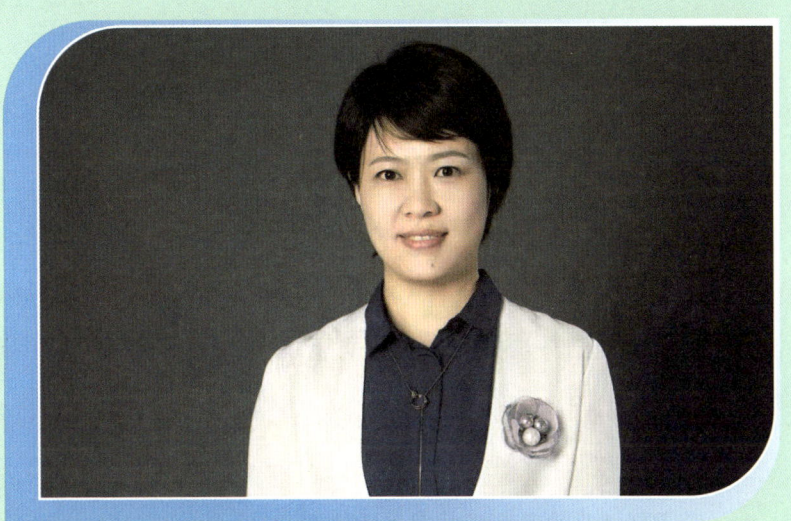

邱玲

为"大病不出藏"贡献力量

◎ 耿兴敏

2019年,中国医学科学院北京协和医院检验科副主任邱玲荣获全国民族团结进步模范个人、全国三八红旗手称号,2021年8月,她入选2021年"最美医生"。

每次遇到重大任务,邱玲总会说:"这个事情我得去!"

担任北京协和医院检验科副主任10余年的邱玲,承担了多项省部级课题,获2项省级科技进步奖,获7项发明专利(含一项国际专利)授权,牵头体外诊断产品注册临床试验50余项,发表了大量高水平论文。着力搭建质谱技术平台,短期内带领团队开发了40余项质谱临床检测项目,为疑难罕见病诊断提供了新的利器,形成一定的亚学科影响力,并带动团队形成求实创新的良好氛围。

2015年7月底,中组部医疗人才"组团式"援藏号角吹响。

"这个事情我得去!"邱玲主动报名,"我是科室副主任,有责任在这项工作的起始阶段做好调研、做好整体规划。"

进入西藏自治区人民医院后,邱玲以雷厉风行的作风,广泛

◆ 邱玲（右一）在参观实验室

调研了西藏病种、患者情况及检验科的服务能力，带领团队填补了3个空白：推动建立西藏自治区临床检验中心；通过西藏自治区第一家"基因扩增检测实验室"的验收；构建质量体系，经过3年多的努力，检验科通过ISO15189认可，成为世界上海拔最高的符合国际标准的临床实验室。

邱玲不会忘记，2018年11月7日，检验科里一片欢腾，许多人在鼓掌、欢呼。每当回忆起这个瞬间，邱玲都抑制不住内心的激动："我们终于做到了！这是全世界海拔最高的、符合国际标准的临床实验室！"

援藏结束后，邱玲曾多次返藏对专业人员进行培训评估，并通过网络实时指导工作，为"大病不出藏"贡献力量。

邱玲说："在我心中，援藏之路没有终点。"

2020年年初新冠肺炎疫情来袭时，邱玲刚接受肺癌手术后半年，她就迅速递交驰援武汉的申请，但被领导以身体原因驳回。

在后方，邱玲一刻也没闲着。疫情最重的几个月，她每天到岗，经常工作到晚上八九点，回家后还要继续协调处理六七个工作群里的信息，经常到凌晨一两点才能休息。她承担了多项应急工作，有力保障了大后方抗疫的胜利。

《中国妇女报》2021 年 8 月 18 日

倾情援藏　无悔选择

◎ 郑　璐

在西藏自治区人民医院，记者认识了检验科主任、来自北京协和医院的援藏医生邱玲。她留着短发，眼睛很有神采，说话走路速度较快，显得很是干练。她笑着对记者说："之前在协和医院工作节奏比较快，现在被我们带到西藏了，反正都习惯了，不担心缺氧。"

回忆起当初援藏，邱玲告诉记者，在别人看来，援藏是光荣的，但是对于一名医务人员和一位母亲，她的心还是有些忐忑。协和医院的工作重担就要落到别的同事肩上，就连自己年幼的女儿都只能扔给家里的老人，心里很是愧疚。

邱玲说："来到西藏自治区人民医院，我发现这里的医护人员都很认真努力，但是由于环境等因素制约，他们的思想观念比较落后。所以，我们要帮助他们树立信心，努力实现自我激励、自我认同。"

西藏自治区人民医院检验科副主任刘治娟是邱玲的好朋友，她说："邱玲积极向上的工作作风深深感染了我们，上任以来，她亲自抓质量把关工作，还手把手教我们填写规范的检验表，现在的检验科比起以前,变化大得让人有点不敢相信。"

一年来,在邱玲的带领下,自治区人民医院检验科通过了ISO15189质量体系认可,目前体系已生成30余个受控表格、20余个程序文件。同时积极推进自治区临床实验室标准化建设,组织开展了覆盖全区的ISO15189内审员培训,150余人获得了ISO15189内审员证书,为推进自治区临床实验室标准化建设奠定了人才基础。

◆ 邱玲在西藏自治区阿里地区人民医院为当地医务人员详细讲解实验室质量控制方法

当谈到援藏一年来的感受时,邱玲说:"我们还在努力做到更好。我相信,只要有坚韧不拔的毅力,只要肯努力工作,西藏医疗事业的明天会更好。"她还说,"我也要感谢'组团式'医疗援藏以及自治区卫计委、自治区人民医院给了我们援藏医生很大的空间,让我们能够心无旁骛地认真工作,去实现我们的理想,我觉得这次援藏经历,对我们每一名援藏干部来说,都是非常宝贵的。"

一年的援藏时光即将过去,邱玲除了对工作中取得的成就感到一丝欣慰外,还对西藏这片高天厚土充满了眷恋。"我对西藏这片土地是有情结的,这里的朋友、同事,他们那么的热情、友好。现在要离开了,心里真有点舍不得,总觉得使命还没有完成,我们还有很多事情要做,正如当初离开北京时的那种心情。希望以后还能来这里,继续我们未竟的事业。"

《西藏日报》2016年8月9日

将国际标准实验室建到雪域高原

邱玲，女，1973年4月出生，1994年6月加入中国共产党，1996年8月参加工作，北京协和医院检验科副主任、研究员，硕士研究生学历。她作为北京协和医院首批"组团式"援藏专家，主动转变帮扶思路，探索学科建设新路径，进行"造血式"帮扶，带领团队空白。援藏期满后，她又5次返藏，组织参加各类培训，邀请相关领域专家入藏授课，为提升西藏临床检验水平不断努力，为"大病不出藏"贡献力量。

担任北京协和医院检验科副主任10余年的邱玲，承担了多项省部级课题，获2项省级科技进步奖，获7项发明专利（含一项国际专利）授权，牵头体外诊断产品注册临床试验50余项，发表大量高水平论文。着力搭建质谱技术平台，短期内带领团队开发了40余项质谱临床检测项目，为疑难罕见病诊断提供了新的利器，形成一定的亚学科影响力，并带动团队形成求实创新的良好氛围。

2015年7月底，中组部医疗人才"组团式"援藏号角吹响了。

"这个事儿我得去！"邱玲主动报名，"我是科室副主任，有责任在这项工作的起始阶段做好调研、做好整体规划。"

进入西藏自治区人民医院后，邱玲以雷厉风行的作风，广泛调研了西藏病种、患者情况及检验科的服务能力，带领团队填补了3个空白：第一家通过西藏自治区"基因扩增检测实验室"的验收；推动建立西藏自治区临床检验中心；构建质量体系，经过3年多的努力，检验科通过ISO15189认可，成为世界上海拔最高的符合国际标准的临床实验室。

邱玲迅速与当地同人达成共识、团结合作，帮助自治区医院检验科首家通过国家卫生健康委临检中心基因扩增检测实验室技术验收，这是她创下的第一块"金字招牌"。以往感染肺结核的患者只能通过结核菌培养等方式进行检测，耗时至少1个月，现在通过基因扩增检测法，只需要2个小时。

援藏期间，邱玲也获得了国家卫生健康委临检中心和西藏自治区卫生健康委的支持，推动成立了西藏自治区临床检验中心，为管理和提升全区检验质量奠定了基础。室间质评是指多家实验室分析同一标本、并由外部独立机构收集和反馈实验室上报的结果，以此评价实验室操作的过程。在她和受援科室主任的统筹下，装满室间质评样本的"小蓝箱"，一次次被送到全区74个县的100多家实验室，样品检测结果通过临检中心网络平台传回拉萨。2016年，时任西藏自治区政府主席洛桑江村曾指着一只"小蓝箱"深情地说："这只是我的家乡察雅县的，你们的标本也能送到那里啦！"

随着国家对西藏自治区支持力度的加大，更多先进的检测设备进入实验室。但实验室整体质量管理及控制水平仍然相对落后，检

◆ 邱玲（右一）与协和援藏医疗队的同事在一起

测结果准确性不理想。ISO15189是国际通行、医学实验室质量和技术管理的有效手段。然而，在西藏自治区现有技术能力和管理水平的基础上，要通过评审，难度非常大。邱玲在带领团队积极构建质量体系的同时，推动国家合格评定认可委员会和西藏自治区卫生计生委签署"支持合作备忘录"，借助更多力量打造高水平医学实验室。

这是一项宏大的系统工程，必须有一批"不走"的临床实验室质量管理专家，倾注3至5年甚至更长的时间，才有希望申请成功。援藏队员经常相互鼓励："尽全力，但不急功近利，离开时不一定开花结果，但坚信我们埋下的种子已经扎根发芽。"

邱玲3次牵头组织国家级继续教育项目，培训全区600余名检验人员，其中147人获得国家认可的ISO15189内审员证书，这是自治区临床检验学科第一次如此大规模的国家级培训。援藏期满后，她又5次返藏，组织参加各类培训，邀请相关领域专家入藏授课，为提升西藏临床检验水平不断努力。通过系列培训，质量管理体系的知识开始普及，实验室质量管理水平提升的理念悄悄萌芽，科室积极上进的风气越来越浓厚，检验员们发自内心地渴望用自己所学的知识提升自己的实验室。经过3年多的努力，在援藏团队和检验科领导、员工的精心筹备下，构建了453份受控文件和248种受控记录表格的完整质量体系，并且运行良好，西藏自治区人民医院检验科通过了ISO15189的评审。

2018年11月7日，检验科里一片欢腾，许多人在鼓掌、欢呼。每当回忆起这个瞬间，邱玲都抑制不住内心的激动："我们终于做到了！这是全世界海拔最高的符合国际标准的医学实验室！"

邱玲用她的热情和奉献赢得了藏族、汉族同事的尊敬和爱戴。无论是电工、管工、司机师傅还是医生、护士，她总是倾心相待，透过温暖的笑容传达尊重与理解。她也尽力帮助身边同事解决看病等问题。

离藏前一个月，带着对西藏自治区人民深深的情谊，邱玲主动为西藏自治区的患者献血，并在微信朋友圈中深情地呼唤："在我们即将离开时，也许还可以为我们的亲人献上我们的热血！"

首都健康2021年11月29日

最美医生 2021
ZUIMEI YISHENG

汪四花

为人民健康保驾护航是一辈子的职责

◎ 姚改改

2021年8月17日，早上9点，汪四花来到城东院区这一新院区，开启了忙碌而琐碎的一天。身为浙江大学医学院附属第二医院（以下简称"浙大二院"）党委委员、工会主席，汪四花主要分管后勤、基建、保卫、工会等方面的工作。

只见她像一位大管家，仔细巡查新院区的方方面面：医疗垃圾房和生活垃圾房的防疫情况、即将启用的体检中心配餐如何……

一圈巡查过后，时间来到了12点，匆匆扒了两口饭，她马上参加了城东院区的工作推进会。会毕，又马不停蹄地赶回总院与会。

一天"密不透风"的工作行程结束后，在接受中国妇女报全媒体记者采访时，汪四花的声音中不免透出一丝疲惫，可随即她又笑笑说："没关系，已经习惯了，第二天又是'满血复活'。"

认真、负责、上进，这些汇集在汪四花身上的品质，让她从一名普通护士一步步成长为护士长、片区护士长、工会主席。一路走

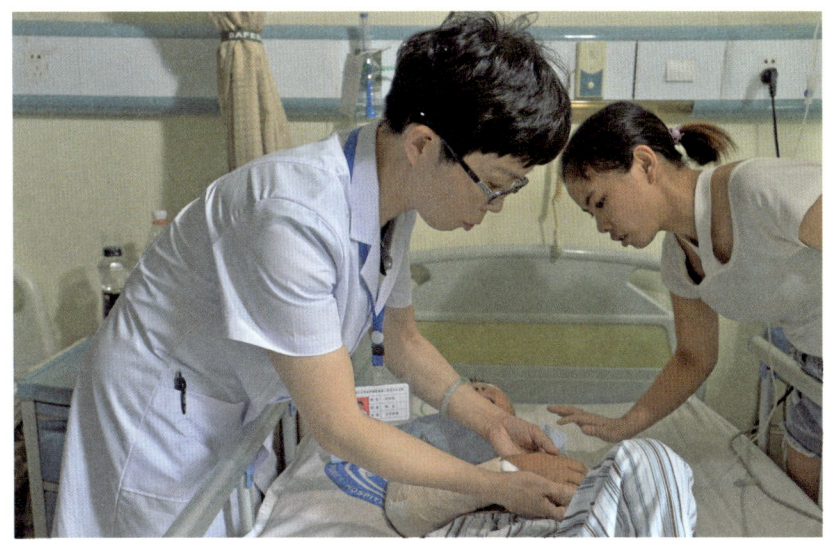

◆ 汪四花查看患者护理情况

来，付出的同时，她也收获了荣誉和掌声——全国脱贫攻坚先进个人、全国脱贫攻坚贡献奖、浙江省巾帼建功标兵、贵州省三八红旗手、"中国好医生·中国好护士"月度人物等。

说到荣誉，2021年3月新获得的全国脱贫攻坚先进个人，让汪四花倍感荣耀。故事还要从5年前说起，2016年9月，她受医院委派，从江南水乡，走进黔山苗岭，开始了一场跨越千里的使命践行。

在贵州黔东南州的台江县，汪四花担任台江县人民医院院长。她带领帮扶专家团，除了每周工作日在医院落实帮扶工作外，每逢周末，则是走村串寨进行义诊。有些老乡长期卧病在床，家徒四壁，这些场景，每每想起，都令汪四花难以忘怀。"这些医疗到达不了的地方，提醒着我们守护人民健康之路任重道远。"

此情此景更让汪四花下定决心，排除万难也要改善台江县的医疗条件！借鉴"娘家"浙大二院的成功经验，帮扶团队制定和改进了 300 多项规章制度和工作流程，推行以"整理、整顿、清扫、清洁、素养和安全"为内容的"6S"管理活动，倡导"患者和服务对象至上"的服务理念。

通过大刀阔斧的改革，医院的整体形象得到了显著提高，医师的精气神大为改观，他们积极主动参与到医院各项建设中。大家齐心协力，将一个原本在当地排名垫底的医院蝶变为具有区域性影响力的县级综合医院。

这一切，台江老百姓都看在眼里、感恩在心里。走在县城的大街上，熟悉汪四花的当地人，都会热情地向她微笑致意或打招呼问好。

2021 年 7 月 1 日，庆祝中国共产党成立 100 周年大会在天安门广场隆重举行，汪四花在现场聆听了习近平总书记的重要讲话。

"100 年来，中国共产党团结带领中国人民书写了中华民族几千年历史上最恢宏的史诗，在第二个百年新征程上，我作为医护人员，必定继续听党话跟党走，坚持人民至上，秉承救死扶伤的职业情操，为人民健康保驾护航。这是刻在心里的职责，是一辈子的事。"汪四花坚定地说。

《中国妇女报》2021 年 8 月 18 日

千里入苗疆 仁心为乡亲

◎ 郑 文 方 序 童小仙 陈 丹

一袭蓝色长裙,一头干练短发,站在中央广播电视总台星光璀璨的舞台上,浙江大学医学院附属第二医院主任护师汪四花手捧鲜红的荣誉证书,对着镜头绽放出最美的笑脸。

2021年8月19日晚,中共中央宣传部、国家卫生健康委员会和中央广播电视总台联合主办《闪亮的名字——2021最美医生》发布仪式。全国10名个人被授予"最美医生"称号,汪四花成为浙江省唯一获此殊荣的医护人员。

"这份坚守,充实了我的人生。"面对这份荣誉,汪四花说,这是给予整个帮扶团队的荣誉,今后她将在新的岗位上继续奋斗,为人民群众的身体健康保驾护航。

台江县地处贵州省黔东南苗族侗族自治州,曾是国家级贫困县,百姓缺医少药情况非常严重。2016年,浙大二院与台江县人民医院结成对口帮扶关系,台江县人民医院成为浙大二院台江分院。作为组团式帮扶的主要人员,汪四花被任命为台江分院院长。从此,台江县成为汪四花的"第二故乡"。

经过调研,她发现医院发展的困难程度远超她的想象——老百姓看病难、看病远,医院技术落后、人才匮乏、基础设施陈旧,思想观念也亟须提升。她连着几个晚上睡不着觉,一度想打退堂鼓。这时,乡亲们一句亲切的"四花院长"触动了她,她决定坚守下来。

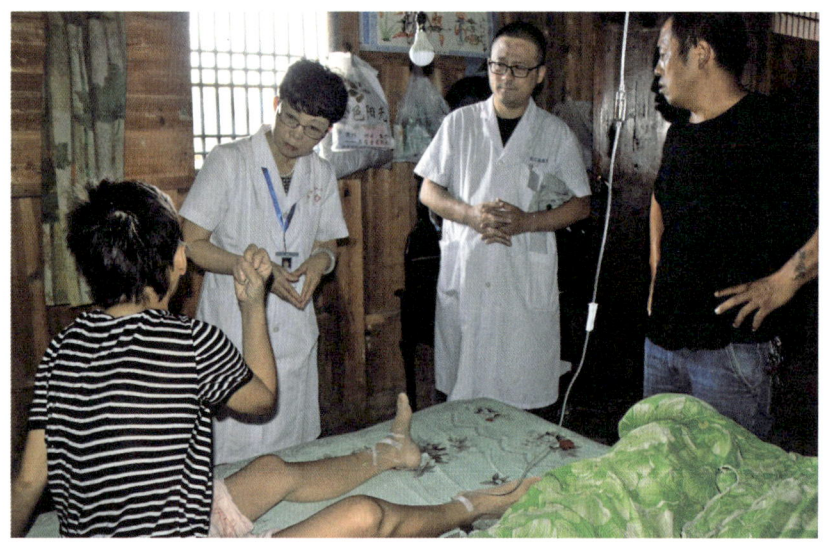

◆ 汪四花入户探视建档立卡贫困患者

这些年,有着一腔护佑人民健康情怀的汪四花带领团队几乎走遍了台江县所有村寨。他们还走出台江,在苗乡的山山水水间,留下了一个个深深的脚印。走村串寨开展义诊时,乡亲们见医生来了,来不及回家,带着干农活的工具就跑来看病。这一幕让汪四花深感责任之重:"他们真的很需要我们。"

剑河县有个女孩患病后无法说话,亟须救治,汪四花得知后毫不犹豫放弃周日休息时间带领帮扶团队前去就诊。当天碰巧遇到山体滑坡，近路不通，只能绕行，原本两个半小时的车程硬是延长了两倍。绕过悬崖峭壁，滚下山的岩石发出巨响；蹚过坑坑洼洼的土路，泥土溅满车身；穿过深山老林，盘山路如同过山车一样令人头昏脑涨……一早出发，抵达女孩家中时已是下午1点30分。一行人来不及歇息，就立马为她作详细的检查，并拟定治疗方案。面对这份远道而来的温暖，女孩深受感动。

为了打造一支带不走的医疗队，汪四花和团队探索出"五结合"的模式，即"组团式"与多学科相结合、长期帮扶与短期帮扶相结合、业务指导与行政管理相结合、导师制带教与双向考核相结合、专家派驻与发展需求相结合。如今，台江分院已经开展新项目、新技术103项，其中分院本土医师独立胜任81项。

此外，在浙江大学和浙大二院的经费及人员支持下，台江分院新建学科及平台18个，打造"5+2"重点专科。浙大二院还持续为台江分院"输血""造血"，先后派出44批次、70名涵盖管理、泌外、内镜、麻醉等近20个学科的专家开展帮扶，助推医院学科发展、技术力量和医疗环境实现跨越式发展。

"不为名，不求利，只为做好。"汪四花还对症下药，开出一系列整治"药方"——强制度、改流程、建规范、创平台……推动县级医院服务管理能力提升。她还放出狠话："只要是影响和妨碍医院工作的事和人，都要一查到底，给患者和医院一个交代。得罪人的事我来负责。"她狠抓落实，认真梳理医院存在的问题，率领团队制定和改进了300多项规章制度和工作流程，将先进管理理念融入医院日常工作，并不断探索提升医疗质量的方法。

一分耕耘，一分收获。变化每天都在发生，百姓们欣喜地发现，医院整体形象提升了，医疗设备改善了，医务人员技能长进了。许多以前无法诊断的疾病现在都能确诊，不用再为了做一个检查而转去上级医院，医疗纠纷和投诉也大幅减少。医院职工对汪四花的满意率超过95%，邻县医院也纷纷前来取经。

如今，浙大二院台江分院已从曾经的"垫底"医院，蝶变为具有区域影响力的县级综合医院，"四花院长"的美名也在大山间传扬开来。

"帮扶一阵子，牵挂一辈子。"2020年11月，汪四花完成任务，回到阔别5年的杭州。此后，她还两度回访台江，重回心心念念的帮扶战场，看到浙大二院新一轮的组团医疗帮扶已经开始，在原有的基础上帮扶工作力度更大、高度更高、广度更广，她露出了欣慰的笑容，为她曾经带领过的团队感到由衷的骄傲和自豪。

《浙江日报》2021年8月20日

千里入苗乡的"白衣天使"

◎ 余光燕

因为经济欠发达,医疗卫生条件相对薄弱,疾病成了台江县贫困人口脱贫最大的"拦路虎"。

为了打掉"拦路虎",2016年浙江大学医学院附属第二医院与台江县人民医院正式结成对口帮扶关系。台江县人民医院成为"浙江大学医学院附属第二医院台江分院"。

一批又一批来自浙江的医疗专家背起行囊,不远千里来到台江分院帮扶。2016年9月,浙江大学附属第二医院急危重症科的护士长汪四花来到台江分院担任院长。

2016年以前,台江县人民医院医护人员缺乏、技术水平薄弱、管理能力不足,群众患病会选择到州级或贵阳的医院就医。

"来以后才发现医院的困难程度超出我的想象太多,这让我整晚整晚睡不着觉。"汪四花一度想打退堂鼓。

"看到台江百姓大病小病要跑凯里,一趟来回花销那么多,我不能走。"汪四花留了下来。

在浙江大学医学院附属第二医院和台江县领导的鼓舞和支持下，汪四花制订了医院发展5年规划，即"一年有起色，两年有一定影响力，三年获明显成效，四年实现'辐射周边地区'，五年建成省内具有一定影响力的二级甲等医院"。

深入病房、了解情况、交流调研成了汪四花除吃饭、睡觉外的全部生活。为了找到突破口，汪四花从"娘家"复制浙大二院管理模式，将6S管理新理念和国际JCI管理理念"嵌入"台江县人民医院的管理和运营。不到两个月的时间里，台江分院在制度建设、流程管理、环境改善乃至精神面貌等方面都有了显著的变化。

汪四花很清楚，只有为当地打造出一支带不走的团队，才能真正使台江的医疗水平迈上新的台阶。在她的努力下，一批基层医护人员被送到浙大二院进修，通过举办各种学术讲座，开展轮转培训，几个月内有上千人次接受了"二次教育"。

她说："优秀的医护人员多了，台江的医疗水平才能有效提升，健康扶贫才能真正落到实处。"

一年来，台江县人民医院的设备更新实现了历史突破：1.5T磁共振、超声刀、钬激光碎石机、电子胃肠镜、无创呼吸机、床旁DR、有创呼吸机等医疗应急设备一应俱全；创建了远程会诊中心、儿科门诊、产科母婴同室病房、中医康复科……2016年，妇科微创技术、骨髓穿刺术、泌尿科外壳微创技术等57项新技术在该医院实施；2017年1—4月，无痛结肠镜息肉摘除术、B超引导下的动静脉穿刺等14项项目，填补了该医院的技术空缺。

焕然一新的台江县人民医院，开始成为当地百姓求医的好选择，还吸引了省内多地同行前来交流学习。

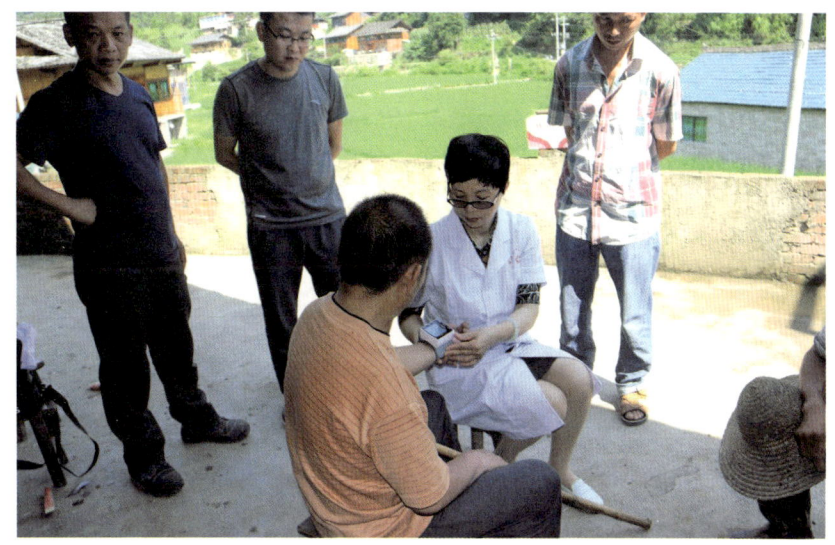

◆ 汪四花下乡义诊

为了更好服务于台江百姓，汪四花放弃节假日，带着帮扶队伍走村串寨为村民义诊。

顺着崎岖的山路，一路颠簸，汪四花队伍义诊的第一站来到南宫乡南牛村。

"很多村民扛着锄头、挽着裤脚从田里赶过来，有的卧病在床，我们就进家入户义诊。"在200来人的小山村里为村民义诊3个多小时，汪四花心中又有了新想法。

如何解决看病难的问题，让更多老百姓实实在在享受到对口帮扶的好处？2017年2月，县医院6个科室分别与台江县6个乡镇卫生院签订了帮扶协议与责任状，把老百姓的健康纳入科室考核。

在浙大二院和省、州医院的共同帮扶下，台江县人民医院在短短一年时间取得多项零突破，台江人民的健康有了更好的保障。后面来的帮扶同事看到汪四花憔悴的样子,流出了心疼的眼泪,她却说:"没事,为了台江县医院的可持续发展,再累也值得!"

《贵州日报》2017年6月26日

最美 2021 医生
ZUIMEI YISHENG

张颖

疫情防控不松懈
守护万家灯火

◎ 高　丽

新冠肺炎疫情防控期间，一场场抽丝剥茧般的流调发布，犹如"教科书式"的讲解，让天津市疾病预防控制中心副主任张颖被全国人民所熟知，被赞誉为"天津的福尔摩斯"。

提起疾控工作，张颖曾这样介绍：做好疾病防控，我们要扮演好7个角色：医学侦探、疫情分析员、防控宣传员、大数据分析员、政府参谋、实验室检测人员和科研人员。可见，疾控是一项专业性很强的工作，其范围之广、难度之大，往往是常人难以想象的。

作为专业的疾控人员，张颖和她的团队关注点往往要早于公众的视线。凭借20多年处置SARS、甲型流感、人感染禽流感等重大传染病防控的经验，他们预判，疫情暴发前的"安静"就是"疾"风骤雨的前奏，一场疫情防控阻击战即将打响。

与病毒赛跑，绝不能打无准备之仗。新冠肺炎疫情防控期间，张颖和同事们坚持每日跟进，精准评估天津市防控能力与输入风险，把防控方案做在前面。在疾控系统内部,迅速调配了近百人的专业骨干力量,第一时间组建了涵盖流调、信息、消毒等专业的31个战斗队,开展专业防护培训与应急演练,确保信息畅通、指令通达、协作到位。

2020年2月初,天津宝坻某百货大楼出现聚集性疫情,并呈现暴发性增长态势。病毒是如何进入到宝坻百货大楼,并在人群中传播的?张颖和她的团队紧急开展了流行病学调查。张颖团队在大数据的帮助下统筹分析,在抽丝剥茧中建立起流行病学的联系,形成了第4例确诊病例是在外地感染,回津后发病,造成了百货大楼内病毒传播的结论,为后续的"万人大排查"提供了重要参考。

也正是这场疫情"迷局"的破解,张颖的视频被网友广泛转载,大家称她为"福尔摩斯·颖"。

◆ 张颖跟同事们梳理疫情流调图

正是由于基础工作高效、精准，张颖团队的调查结论才能为政府决策提供重要依据。市委、市政府果断采取的集中隔离等一系列防控措施，有效阻止了病毒呈几何式扩散，预期减少确诊病例近3000例。

"疾控人看似平凡，但社会责任大，因为我们是守护人民健康的卫士。"张颖说，"如今，病毒仍在全球肆虐，疫情防控不能松懈。我和天津所有疾控工作者将继续守护天津人民的健康，守护身后的万家灯火。"

《中国妇女报》2021年8月18日

为大爱而逆行　展大美于平凡

◎ 王　倩　刘　锐

2020年，张颖讲解新冠肺炎疫情流行病学调查的视频被广泛传播，一场场"教科书式"的流调分析，让张颖被人们亲切地称为"福尔摩斯·颖"。

面对突如其来的新冠肺炎疫情，她既是指挥员，更是战斗员，第一时间挺身而出，危险时刻敢打善拼。在阻击疫情的前沿阵地，她现场处置快而不乱，率领团队24小时坚守，深入一线流调、判定追踪密接，高峰期连续工作70多个小时不眠不休。她就是2021年全国"最美医生"、天津市疾病预防控制中心副主任张颖。

"一增一减，形成有效应对疫情的两把利剑！"

提起"疾控"二字，一般市民会感到陌生。但作为已在疾病防控战线上奋斗了近30年的张颖这样解释说："做好疾控要求我们扮演好7个角色，医学侦探、疫情分析员、防控宣传员、大数据分析

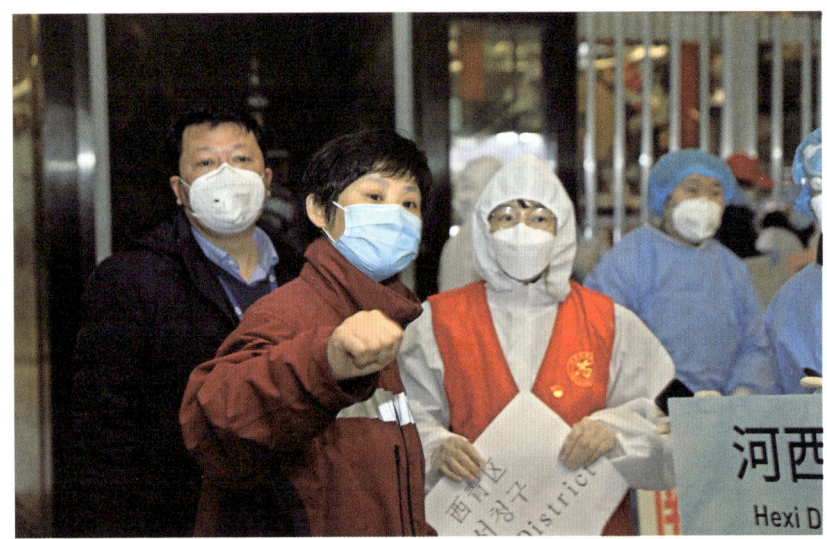

◆ 张颖在新冠肺炎疫情防控期间天津首个入境航班接机转运现场指导工作

员、政府参谋、实验室检测人员和科研人员。"由此可见，疾控是一项专业性很强的工作，其范围之广、难度之大，往往是常人难以想象的。

对新冠肺炎疫情进行防控，疾控工作发挥了非常重要的作用。张颖说："如果说临床医学是减少存量、治愈感染者，那么疾控工作就是查找来源、及时消杀、排查密接，在抽丝剥茧中与病毒赛跑，尽一切努力减少感染增量。这一增一减，形成有效应对疫情的两把利剑！"

"相比较'福尔摩斯'，我更喜欢听到大家说'疾控人，好样的'！"

2020年1月21日，"天津动车客车段聚集性发病"事件，宣告着天津市与新冠肺炎疫情的战斗正式打响。从 21 日到 23 日，天津市接连出现了 3 例确诊病例，通过流行病学调查，确认他们是同事关系。职业的敏感性使张颖意识到聚集性发病的严重性。她随即带领 11 名队员，在大年二十九深夜进行现场处置。7 个多小时的排查，她和队员们被裹在防护服里滴水未进，也不能上厕所。凌晨的气温零下十几摄氏度，冰冷刺骨的消毒液喷淋到身上，就像掉进了冰窟窿。但在场的每一个人，谁都没有怨言，大家争分夺秒地开展工作，并提出了区域封控的建议。功夫不负有心人，市防控指挥部第二天一早采纳了建议，对该区域实施封控，按标准对密切接触者隔离观察，坚决果断的措施有效阻止了疫情传播。

2020 年 2 月初，宝坻区百货大楼出现聚集性疫情，并呈现暴发性增长态势。张颖和她的团队紧急开展流行病学调查。从宝坻区前 3 个病例发病时的情况看，似乎找不到任何流行病学上的关联性，调查一度陷入僵局。但他们没有气馁，不放过任何蛛丝马迹，一边扩大流调范围，一边串联前期掌握的情况，在大数据帮助下统筹分析，终于在抽丝剥茧中建立起流行病学联系，形成了第 4 例确诊病例在外地感染回津后发病，造成宝坻区百货大楼内病毒传播的结论，为后续的宝坻区"万人大排查"提供了重要参考。

在破解宝坻区百货大楼疫情"迷局"时，张颖讲解的视频在网上被广泛传播，网友们都夸她作了一场"教科书式"的分析，张颖也被网友亲切地称为"福尔摩斯·颖"。张颖却很平静地说："我只是整个疾控团队的一员，我们对整个疫情的分析过程，犹如'剥洋葱'，详细掌握病毒的'作案链条'，这些都体现了集体智慧。相比较'福尔摩斯'，我更喜欢听到大家说'疾控人，好样的'！"

"真希望疫情从没有发生过!"

如今,新冠肺炎病毒仍在肆虐,疫情尚在发展,张颖和天津市所有的疾控工作者仍在忙碌着,为身后的万家灯火逆行坚守,全力守护着津城百姓的生命健康。

在接受记者采访时,张颖说:"回顾这一年多的抗疫工作,桩桩件件清晰得仿佛就发生在昨天,真希望疫情从没有发生过,我们的生产和生活从没有被打乱过……这次我能当选2021年全国'最美医生',是褒奖更是鞭策,荣誉并不属于我个人。我只是疾控工作者中的普通一员,在此次疫情防控中,疾控人白衣为甲,在与病毒的一次次对决中冲锋在前、大爱逆行;还有其他各条战线的抗疫勇士,困难面前豁得出,关键时刻冲得上,以生命赴使命,用大爱护众生。作为疾控工作者,我们将弘扬伟大的抗疫精神,不忘初心、牢记使命,在疫情防控常态化工作中作出自己新的贡献。"

《天津日报》2021年8月19日

疾控界的"女福尔摩斯"

◎ 张 磊

2020年2月2日,天津市疫情防控工作新闻发布会上,时任天津市疾控中心传染病预防控制室主任的张颖,将天津宝坻百货大楼聚集性疫情中的5位确诊病例间错综复杂的流行病学史讲得透彻明白,揭开了疫情暴发的层层迷雾,让公众了解到流行病学调查的来龙去脉。这让她登上了微博热搜榜榜首,被网友誉为疾控界的"女福尔摩斯"。

面对在网络上的爆红,张颖却很淡然。她说:"希望大家更关注疾控工作,一起做医学侦探,让病毒无处遁形。"

张颖和疾控事业的缘分始自1989年。那一年,她以优异的成绩考入天津医学院预防医学系。大学连拿5年奖学金,毕业时以综合第一名的成绩,分配到天津市防病中心(现天津市疾控中心)工作。

多年工作在疾控一线,张颖对这份事业情有独钟。张颖说,与临床医生不同,疾控中心面对的是群体防控,第一时间把所有病例、疑似病例以及密切接触者的情况、症状等信息汇总、厘清,通过建立完善的数据库,研判疫情趋势,分析疫情并作出风险评估。新冠肺炎疫情期间,张颖和同事连轴转,为天津防控疫情提供了海量的数据支持和最精确的信息索引。

6月17日,天津市新增1例确诊病例。张颖率领团队,立刻投入战斗,对病例有可能接触到的人、物,甚至所工作酒店的26个供货渠道的13类物品,全部采样检测。为了"破案",张颖熬了几天几夜追根溯源,再次展现"女福尔摩斯"的专业与敬业。

◆ 张颖分析疫情

张颖坦言,与侦探破案不同,溯源"追凶"对疾控人员而言只是开始,此后,还要继续摸排传播链,在最短时间内阻断病毒在人群中的传播,"阻断传播,保护人群健康,这正是公共卫生人的职责"。

随着天津各个区开始复工复产,天津市的疫情防控工作迎来新的挑战。张颖说,她和同事仍将继续保持一级战时状态。不过,她表示,"不想在新闻发布会上再出现,那证明疫情又有反弹了"。

"这次新冠肺炎疫情,让从事传染病防治工作20多年的我,再次体会到强烈的职业荣誉感。"让张颖感动的还有,从政府到基层医疗机构再到普通老百姓为抗疫而上下齐心。

《健康报》2020年8月17日

最美 2021 医生
ZUIMEI YISHENG

张忠德

"战胜疫情,我的信心很足"

◎ 张意轩 付 文 王翔宇 贺林平

在武汉新冠肺炎救治一线奋战不足一个月,张忠德瘦了9斤。

张忠德是广东省中医院党委委员、副院长,同时还担任国家中医药管理局应对新冠肺炎疫情防控工作专家组副组长、国家援助湖北第二支中医医疗队队长、广东省中医医疗队队长。

17年前,他冲锋在抗击"非典"第一线,在救治重症"非典"患者时不幸感染,在生死线上走过一回。这一次,已56岁的他再上火线,"我只不过是换了个工作地点"。

除夕夜逆行奔赴武汉

2020年1月24日,大年三十。下午3点多,张忠德坐上开往武汉的高铁,当晚8点多钟到达。

第二天一大早,他就赶到了武汉最早、最集中收治新冠肺炎患者的金银潭医院。来不及多说,张忠德就穿上防护服进入病区采集相关资料。"采集直到下午1点才结束,干了5个多小时,共采集了28名患者,通过中医四诊合参,了解他们的发病症状、流行病学史等。"张忠德说。草草吃过午饭,他们就开会研究。

正月初二,专家组兵分四路,分头出击。张忠德带队前往湖北省中西医结合医院重症病区,花了近3个小时采集数据,"把重症患者都看了一遍"。当天还和国家中医药管理局组织的来自全国的专家顾问一起,讨论了新冠肺炎诊疗方案第二版。

"我的工作主要分两个部分,一来我是国家中医药管理局专家组成员,要采集好临床患者的第一手资料,制定和修订国家推出的中医治疗方案;二来我们还援助湖北省中西医结合医院组建病区,共3个病区105张床,其中广东省中医医疗队管理两个病区70张床。"张忠德告诉记者,在组建过程中,大家对疾病的认识也越来越深入。

◆ 张忠德在河北参与疫情防控

"我们对广东省中医医疗队60名队员进行严格培训,坚决做好防护、杜绝感染。"张忠德说,以前的培训全部归零,现在培训合格才能上岗。60名队员中,有37人是共产党员。"我们开了党支部会议,决定第一批进隔离病房的,必须是党员。"一个星期之内,医疗队有20人写下入党申请书。

辨证施治对症下药

救治过程中,张忠德根据病人的症状、体征,采用中药"组合拳"对症下药。"药物有汤药、冲剂、颗粒剂,也有中成药和注射剂。"他说,他们针对每个病人的特殊情况,又在后续治疗方案中进行了个性化调整。

除此之外,张忠德还对病人采取了外治法治疗。外治法主要采取针灸、按摩、打八段锦、练太极等方式,"在一些病人的身上,效果立竿见影。之前有焦虑得睡不着觉、腹胀得吃不下饭的病人,用了外治法之后,既睡得着觉,又有了胃口。"

"目前的手段,就是中西医结合、协同作战。"张忠德说,对新冠肺炎重症、危重症患者的中西医治疗,目前取得的效果还是比较好的。"到目前为止,我们总共收治了124个病人,出院跟转出的病人到18日下午刚好是50个,我们也感到很欣慰。"张忠德说:"我们这个团队,虽然是在湖北省中西医结合医院治病救人,但我们得到的是全国中医人的支持,是集全国中医人的智慧来制定诊疗方案的。"

据了解,从临床数据来看,中西医结合治疗、协同治疗手段介入后，重症转轻症率有所提升、重症转危重症率有所下降。"在缩短平均住院天数、降低危重症死亡率方面，数据显示也较有效，后续还需要更进一步观察，目前中医、西医团队都正在做这方面研究。"张忠德说。

任何医生都会全力以赴

"今天早晨称了一下，发现体重降了9斤。"张忠德笑着说，前线医生工作都很累，"现在，很多危重症患者收进来以后，你得想办法不让患者的病情继续恶化下去，要想办法治好病。任何一个医生看到这种情况，都会全力以赴的。掉几斤肉没问题，回到广州一个月又长起来了。而且，我年纪大了，还难得老来瘦。"

在武汉，早晨6点多起床后，张忠德就一直忙碌，每天都要工作十五六个小时。"白天没时间休息，就在坐车时见缝插针眯一会儿，吃饭也很快。"2月17日，张忠德从早晨7点开始工作，晚上回到宾馆已经10点多了。"又接着修改治疗方案，等弄完已经深夜1点多。"

在医院，遇到焦虑、紧张的患者，张忠德常常拿自己举例子："我得过'非典'，现在还不是好好的，你们更要有信心挺过去！"

张忠德说，此次新冠肺炎疫情提醒我们，务必养成良好的生活习惯，既要勤洗手，又要规律作息，增强抵抗力。"现在的人，有的太不爱惜身体了，经常熬夜，吃饭也不规律。"他说："中医有句话，叫作'正气存内，邪不可干'，就是说，增强体质才是最好的预防。"

"我所在两家医院的发热门诊病人数量在大幅度下降,收治病人的数量也有所下降。看媒体公布的数据和我们了解的情况大致符合。战胜疫情,我的信心很足,胜利曙光就在前方。"张忠德说。

《人民日报》2020年2月22日

特殊的第 12 次出征

——"德叔"援港抗疫记

◎ 苏万明

"患者在哪里,我的战场就在哪里。"多次投身抗疫一线、人称"德叔"的张忠德,近期正在香港再一次实践他的诺言。

张忠德是广州中医药大学副校长、广东省中医院副院长。新冠肺炎疫情暴发两年多来,他多次逆行出征。武汉疫情暴发不久,2020 年 1 月 24 日,农历大年三十,他就临危受命驰援武汉,连续奋战了 73 天。

完成任务后,张忠德作为全国新冠肺炎医疗救治专家组成员,又先后参加了 10 场疫情防控救治工作。东到江苏、南到广东、西到甘肃、北到辽宁,他已在全国 10 个城市留下抗疫足迹,累计支援 266 天。

2022 年 3 月 16 日,张忠德再次披上"白袍战衣",义无反顾踏上第 12 次抗疫征途。这次他带领一支 300 人的医疗队,目的地是第五波疫情正在肆虐的香港。

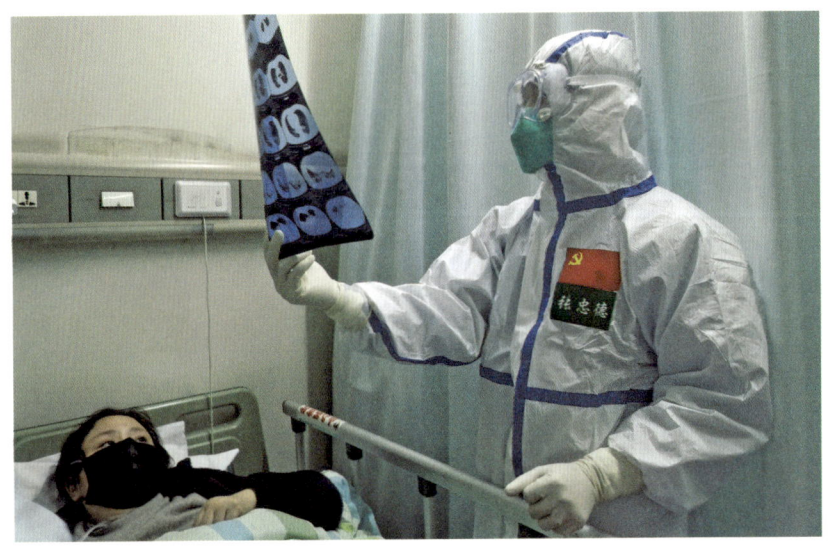

◆ 张忠德在湖北省中西医结合医院查房看 CT 片

虽然有所准备,但是来到香港后,疫情之严重还是让张忠德惊心。2022年年初开始的这波疫情来势汹汹,高峰时期连续多天每天有数万名患者确诊,部分老年患者不幸去世。

"我自己曾经就是一个重症'非典'患者。"张忠德说,自己2003年曾在一线抗击"非典"不幸被感染。那时他曾几天几夜高烧不退,胸口好像被石头压着,呼吸困难,心跳异常厉害,没有一点胃口。亲友们一度以为他活不过来了。

"我们必须帮助他们。"张忠德不假思索地说,他太了解病人的痛苦,太了解他们患病期间的寂寞、无助、焦虑和恐惧了。

作为从医几十年的医务人员,救死扶伤的责任担当已经深深烙印在他的心里。"当有的地方突然暴发疫情,超出了当地医疗系统承受能力,需要我们帮忙,我们责无旁贷,肯定要择善而行。"张忠德说,"抗疫就像救火,现在香港需要内地支援,我们一定不负医务工作者的专业素养和职业操守,不负血浓于水的同胞之情。"

援港抗疫,张忠德是有底气的。在此前近20年的几次大疫病防治中,尤其是抗击非典中,既是医生又是非典康复患者的亲身经历,以及中医药已经在应对突发传染病上形成了一套很好的理论体系,这些都让张忠德面对疫情临危不惧。

张忠德是呼吸急危重症、新发突发传染病救治工作专家,有深厚的中医功底和丰富的救治经验。此次出征的300人内地援港医疗队,是他支援抗疫历程中带队人数最多的一次,其中有防控、救治、护理等各方面的专家。

此时的香港,抗疫工作的重中之重是减少死亡、减少重症、减少感染。然而,随着确诊病例短时间内大量增加,香港公立医院医护人员严重不足,特别是在危重症患者救治方面,急需支援。

香港的医务人员虽然每天极度疲倦,但依然坚守岗位、永不言弃,这让张忠德非常动容:"我们从心底里敬佩他们,队员们下定决心,与他们同心抗疫。"

医疗队到港后,便马不停蹄投入抗疫。他们先是熟悉亚洲国际博览馆(亚博馆)新冠治疗中心的工作环境、运作模式、工作程序和相关的操作系统。

"我们的队员3天就全掌握了,所有考核都合格,可以开展工作了。"张忠德说,香港医管局的医生护士们对医疗队雪中送炭也满怀感激,热情地帮助医疗队。

接着便是进入病区熟悉患者病情,分析、完善诊疗方案。医疗队在医管局的支持下,对管区内患者的症候特征进行详细采集,并开展个案研讨,掌握每一个患者的病情变化,然后对患者尤其是老年患者的病情进行分析、归纳、总结。

张忠德等内地医师和香港同人一起,协助香港医管局完善诊疗方案,并在得到允许后开始应用。

目前,所有进入亚博馆新冠治疗中心的病人均会接受中西医团队共同评估,如适合接受中医药治疗,团队会在病人自愿参与的情况下及时提供。通过近期治疗,中医对患者的咳嗽、咽干、乏力、纳差、便秘等主要症状有较好的改善作用。现在,中西医团队共同值班、巡房、诊疗,合作无间,中西医协同的诊疗模式也得到了香港医管局的认可。

"当前的诊疗方案实际运行效果非常好。这是香港和内地医师团结合作的结果。"张忠德说,目前医疗队和香港医管局还在就方案的治疗效果进行动态总结,不断根据患者症状改善程度,因人、因时、因地动态调整。

在各方的艰苦努力下,香港确诊病例数、重症病人数、死亡人数都呈下降趋势。

内地和香港医护人员在携手抗疫过程中,也结下了深厚的友谊。"内地和香港医务人员的融合超出了我们的想象。我们交流合作非常好,大家互相支持,融为一体。"张忠德说。

他希望疫情过后,双方继续加强合作交流,加速医务融合进程,比如利用香港国际大都市的优势,加速中医药走向世界。

张忠德相信,在香港特区政府的带领下,在香港各界的共同努力下,"大家继续团结一致,疫情防控会有圆满的结果"。

新华社香港 2022 年 4 月 18 日电

抗疫"老兵"张忠德：
深耕中医34年，12次出征战疫情

◎ 黄锦辉

2022年6月29日，在广东省中医院举行的2022年抗疫事迹报告会上，广州中医药大学副校长、广东省中医院副院长张忠德回忆起两年来逆行抗疫的经历，数度哽咽。

张忠德，人称"德叔"，深耕中医34年。自新冠肺炎疫情暴发以来，他连续12次出发驰援，参与新冠肺炎疫情防控救治工作，足迹遍布全国各地，成为中医抗疫的"金字招牌"。

"德叔"坦言，自己是一个感性的人，"都说男儿有泪不轻弹，但有时就会控制不住。"从非典中死里逃生，他更懂得要感恩和回报社会，所以要善待每一个需要帮助的病人。

除夕赶赴武汉抗疫

每一次出发前，"德叔"有一项固定行程——到家门口的理发店剪头发,"去武汉时,没有经验,超过一个月没剪发,工作压力一大,脸瘦下来,很不成样。"

2020年1月24日,除夕,德叔匆匆扒了两口午饭,给家人交代了几声,孤身赶往广州南站。他的终点是武汉,防控疫情的主战场。

临走前,他从家里拿走了一本笔记本,这是他出差时保留的职业习惯,方便专家会诊时记录要点。

北上的G1128次列车2号车厢里,只有他一人。抵达武汉后,当看到了空荡的城市街头时,他心情更凝重了。

除夕夜晚,他在笔记本封面上写下了"武汉远征记","今天是年三十,没有应该的热闹,我带着大家的祝福,从广州出发到武汉……"第二天进入武汉金银潭医院查房后,他写下了"苟利国家生死以,岂因祸福避趋之";第三天得知广东要派遣中医医疗队来支援,他补充了一句"守土有责,守土尽责"……

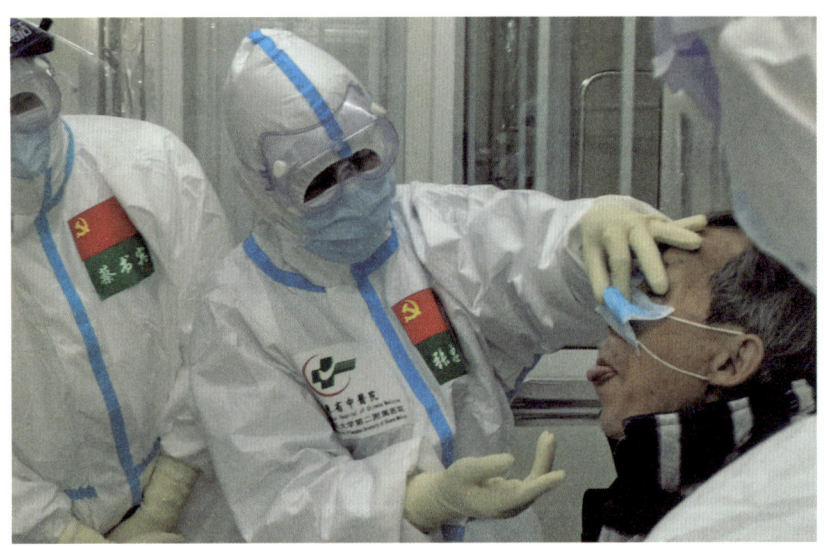

◆ 张忠德在武汉为患者舌诊

再次翻开日记本，德叔情绪很快就失控了。日记本内容有救治成功的喜悦，有对疫情防控形势的担忧，也有避免医务人员感染的压力，更有进一步发挥中医作用的抱负与志气。

在武汉时，每一天不管多晚，他都花15分钟写日记，最晚的一次，开完会回到酒店已经差不多是凌晨3点，"当时就有点想偷懒了，但还是爬起来写了"。

"我就是一个感性的人"

如今，德叔已成为岭南中医的一块"金字招牌"。

在过去两年多的时间里，哪里有疫情暴发，哪里就有德叔的身影。"我不仅是一名医生，更是一名党员。"德叔说，因为当地医疗人员也许没有接触过这个疾病，而自己已积累了不少经验，所以自己更多的是抱着一种帮助别人的心态，去当地驰援。

在云南瑞丽，德叔与西医同行共同救治一名重症孕妇，让她顺利生下了三胞胎；2021年5月，德叔在家门口打了一场漂亮仗，当广州报告一例由德尔塔变异株引发的新冠肺炎病例时，他马上从辽宁赶回广州战斗。

在熟悉的城市参与抗疫，德叔有一种更不一样的感受："广东人信中医、用中医，有良好的中医氛围。"在隔离病房里，当患者看到了防护服上写有德叔的名字时，都在说，"德叔来帮我们开中药，一定要吃中药"。

医生的人文关怀，同样重要。在查房时，德叔都用身边的故事激励病人。"你看看隔壁床，来的时候比你重多了，现在都下床走路了。相信我们，也相信你自己……"

走过了生与死，常年与疾病痛苦打交道，德叔对人生有了更深的理解，他将知足、感恩和行善当成生命信条。10多年过去了，他始终无法忘记，非典席卷时那些不畏生死冲进病房里看望他的面孔，所以要"善待每一个需要帮助的病人"。

在公众场合，德叔多次流泪，在采访中，他说，"我就是一个感性的人"。

叶欣就是他的泪点之一。

2003年，省中医院二沙岛分院急诊科护士长叶欣因感染了SARS病毒，不幸离世，但同样中招的张忠德奇迹般地闯过了"鬼门关"。

德叔与叶欣之间有深厚的感情。从第一年参加工作，他们就在一起共事，非典时，两人是搭档。"这种危难时刻的战友情，很难用三言两语说清楚。"德叔说。

2020年3月20日，驰援武汉的广东中医医疗队完成抗疫任务，返回广州。在机场，看着队友的背影，头发花白的张忠德，摘掉眼镜，捂住脸哭了。"一定要让同事们一个个都安全地回到广州。这一次我做到了。"

2022年3月16日，应香港特区政府请求，广东省组派300人医疗队驰援香港，张忠德再次挑起大梁，担任这一支内地援港医疗队队长。

这是抗疫"老兵"的第12次出征。

非典那年，德叔39岁，从不惑到知天命，他说："我们这个年纪做事凭两点——责任心和良心。不上，对不起自己的良心。"

《南方日报》2022年7月4日

最美 2021 医生
ZUIMEI YISHENG

赵扬玉

为每个家庭守护新生的孩子

◎ 耿兴敏

对于"最美医生"的荣誉称号,周围的人说,赵扬玉当之无愧。

2020年新冠疫情防控早期,在身处武汉前线的乔杰院士带领下,赵扬玉与团队率先完成当时最大样本量的COVID-19孕产妇描述性研究,结果发表在国际顶级医学期刊《新英格兰医学杂志》上,对指导我国围产期保健及制定相应预防和诊疗措施具有重大意义。

疫情防控期间,赵扬玉4次参加国新办新闻发布会,为妇儿医生、为孕产妇送上"强心剂";黑龙江绥化出现疫情后,她勇担使命驰援绥化,为当地妇幼健康送去"定心丸"。

作为北京大学第三医院产科主任、国家产科专业医疗质量管理和控制中心副主任、北京市危重孕产妇救治中心负责人的赵扬玉是国内产科领域知名专家,擅长高危妊娠、疑难重症诊治以及疑难手术操作和胎儿镜宫内治疗。

身兼北京市及海淀区危重孕产妇转诊救治中心负责人,赵扬玉带领团队在国内率先开展胎儿宫内诊疗技术,建设区域性胎儿宫内治疗平台，填补了国内脐带结扎减胎术等相关宫内治疗技术的空白。

如今，已是国家"十三五"重点专项首席医学家的赵扬玉，依旧坚守在临床一线。

守护生命，忘我前行。在赵扬玉的心里，为每个家庭守护新生的孩子是大事！

作为海淀区孕产妇保健专家组组长，她已经习惯24小时通信畅通。

赵扬玉还承担着中国妇幼保健指导专家的工作，要抽出时间对老少边贫地区的医生进行切实可行的培训和指导。

一名患者在写给医院的感谢信中这样说："因为她的认真负责，我平安生下儿子，希望宝宝长大后学医，做一个像赵主任一样的好大夫，祝赵主任一生平安！"

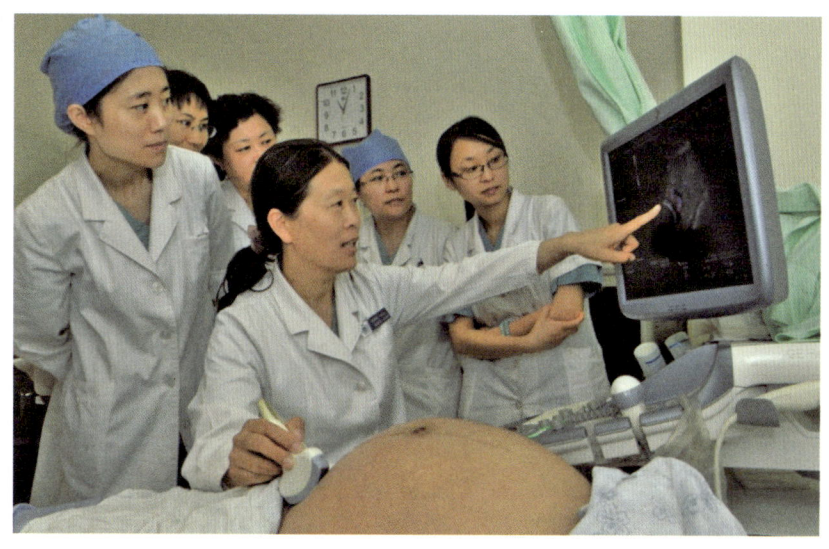

◆ 赵扬玉现场教学

大医精诚，至诚无息。广受学生喜爱的她，注重医、教、研结合，特别是注重临床科研。

2016年她组建国家级科研团队，在"高龄产妇妊娠期并发症防治策略研究"方面开展深入研究。

作为国家产科专业医疗质量管理和控制中心副主任，近年来，她带领产科团队开展多项研究，如创新"胎盘植入凶险预测方法"和止血九步手术法，极大提高了孕产妇抢救率并获得妇幼健康科技奖科技成果奖一等奖。

《中国妇女报》2021年8月18日

赵扬玉：历经烽烟方得行云流水

◎ 魏婉笛

"半夜12点多有一台危重症产妇的急诊手术，忙了一宿。早上5点我又去看过产妇，情况还算稳定。"

说起昨晚的一夜鏖战，赵扬玉平静得就像什么都没发生过一样。

在同行眼里，赵扬玉带领的北京大学第三医院产科是一个随时要准备打硬仗的地方。一些兄弟科室的同事，甚至是在产科手术台上碰到自己从医生涯中最凶险的病例。而赵扬玉就是在这里，牵着孕产妇的手跨过一个又一个"生门"。

在一场场鏖战后更有底气

2012年，一位曾有过不良生育史的高危孕妇沈女士从外省辗转而来，孕34周，严重胎盘植入，因突发下腹痛急诊入院。赵扬玉判断，产妇胎盘已穿透子宫肌层，发生腹内出血。她和团队为小夏进行了仔细的术前评估，准备好大量血液制品，并立即安排急诊手术。

开腹后，赵扬玉发现情况比预计得更为严重："腹腔内粘连得一塌糊涂，网膜、肠管全粘连在一起。"产妇子宫下段与膀胱的界线不清晰，粗大增生的血管构成一张网络，遍布在子宫与膀胱间，胎盘植入严重，已经穿透子宫肌层并侵入膀胱。网膜肠管的粘连包裹着血块，子宫已经破裂，脆弱的子宫破裂口突然扩大，一时间鲜血大量涌出。此时，产妇皮肤发紫，血氧饱和度下降，血压下降。一切就发生在一瞬间。

赵扬玉迅速将胎儿娩出，由于速度非常快，新生儿没有发生缺氧，哭声响亮。但整个手术视野内全是血，无法看清楚解剖结构，赵扬玉和助手短时间内只能用干纱垫拼命按压止血，同时紧急呼叫介入血管外科主任医师赵军。

赵军进入手术室，眼前的场景让他瞠目结舌："我的天啊，从没见过这样的出血。"他迅速从股动脉穿刺，在持续X线照射下，为产妇放置了腹主动脉球囊。

这个过程中，整个手术团队屏气凝神，没有人因为担心辐射而离开手术室，也没有人给自己留出穿防辐射铅衣的时间。大家的注意力都集中在小夏身上。在大家的共同努力下，产妇的血终于止住了。

但是，因为胎盘植入过于严重，手术团队不得不切除产妇的子宫和一小部分膀胱组织。这场从傍晚6点多一直持续到次日凌晨2点多的手术终于结束了。小夏全身出血超过1万毫升，包括赵扬玉在内，参与抢救的医护人员长舒一口气，瘫倒在地上……

这场恶战之后，赵扬玉陷入反思："难道不能在患者腹腔出血前做这个手术吗？对于远离足月的孕妇，如果提前手术，新生儿将面临早产。如何在保障母婴安全的前提下，确定终止妊娠的最佳时期？是否有客观的评估指标？"

10年前，如此凶险的胎盘植入疾病在我国是很少见的，且无指南和规范。赵扬玉决定要攻克这一难题。

随后，她组织团队成员对胎盘植入孕妇孕期及围手术期的管理展开为期两年多的深入研究，最终自主设计了"胎盘植入超声评分量表"，并将成果发表在国内外学术期刊上。该评分量表将超声预测重型胎盘植入的灵敏度和特异度分别提到81.5%和95.7%，同时具备简单、经济、实用的特征，易于推广。目前，该评分表已经得到广泛应用。

综合患者病史、实验室检查等，医疗团队可结合该评分表，对胎盘植入的严重程度进行评估，在术前多学科合作会诊、血制品准备、手术管理等方面进行充足预判及准备，以降低母体严重并发症的发生风险。在基层，临床医生也可根据评分量表，对疑似胎盘植入的孕妇进行分型、分层管理，对评分较高的孕妇进行及时的转诊处理。

胎盘植入患者一旦开始手术，可能面临快速、大量、难以控制的出血，甚至在短时间内出现循环不稳定，危及生命。手术团队成员只有对手术过程达成共识，操作步骤规范，分工明确，配合熟练，才能为患者获得最佳临床结局提供可能。

因此，赵扬玉又提出了"胎盘植入九步术式法"的理念，强调手术团队默契配合可以在手术中最大限度地减少出血量，并缩短手术时间，改善母婴结局。

"主任的关注点已经不仅仅是一台手术，而是如何建立一套管理体系、一条临床路径。"产科主任医师魏瑗跟随赵扬玉参与建立了一系列术前管理模式。经过多年的实践和完善，团队在疑难危重孕产妇的救治上也越来越有底气。

一次，和赵扬玉共同成功完成一台手术后，魏瑗走到赵扬玉旁边说："领导，我从来没有在手术中体验过这么行云流水的感觉。"

从失败中开出的花

在北医三院产科手术中，有超 50% 属于急诊手术。孕产妇身体状况瞬息万变，赵扬玉和科室医务人员必须随时待命，哪怕在夜晚，也要保证和白天一样精力充沛，头脑冷静。

产科是迎接新生命的地方，产妇和家人来的时候往往欢天喜地，很难接受突发意外。而作为北京市危重孕产妇救治中心，北医三院产科又是大量危重孕产妇的希望所系。从 2006 年担任产科主任至今，赵扬玉一直非常清楚自己和科室承受的压力。

十几年前，在美国斯坦福大学进行妇科肿瘤专业博士后研究的赵扬玉回到阔别两年的北医三院妇产科，接任产科主任。

回归产科的赵扬玉在最初的几年里拼命"补课"，她几乎一次不落地参与了所有复杂危重症的产科手术。不论深夜几点，只要科室来电，她总会立即从家中出发，在最短时间内出现在手术台边。那时的北医三院产科也面临着种种发展瓶颈：床位少、分娩量少。"你凭什么说你的科室强？突破口在哪里呢？"赵扬玉一直在等待一个机会。

多年来，北医三院辅助生殖技术始终走在学科领域的前沿。2008 年，已经错过最佳怀孕年龄的林某，通过辅助生殖技术孕育了胎儿。但赵扬玉发现,由于受精卵是在林某的体内分裂成两个,两个胎儿共用同一个胎盘,导致双胎之间存在血液交换。

在不平衡的情况下,一个胎儿持续向另一个胎儿输血,表现为一个胎儿羊水过少,生长缓慢;另一个胎儿羊水过多,心力衰竭,即双胎输血综合征。如果不进行治疗,预后极差。

孕妇对这次妊娠充满期待,对赵扬玉也非常信任。想保住这两个孩子,唯一能帮到她的就是胎儿镜手术。但摆在赵扬玉面前的难题是,当时医院并没有胎儿镜的设备。

"那时候太难了。"赵扬玉回忆,当时孕妇的肚子越胀越大,仅孕5个月就相当于足月大小。赵扬玉只能帮孕妇一次又一次地进行羊水减量,但每一次放掉羊水后一两天,羊水又会涨起来。

突然有一天,孕妇破水了,两个25周的胎儿一个都没能保住。治疗失败了,无声的痛苦裹挟着赵扬玉,她和好几个同事都哭了。一个问号不住地敲打着她:"我们还能做什么?"她下定决心,一定要把胎儿宫内治疗开展

◆ 赵扬玉抱着新生儿去洗澡

起来，帮助那些患有胎儿疾病的孕妇分娩健康的新生儿。

在医院的支持下，2009年，产科申请购进胎儿镜设备，开启了胎儿医学技术的创新进程。赵扬玉和团队在失败中不断总结经验教训，目前已经培养出完整的胎儿医学团队，成为国内较大的胎儿疾病治疗中心。

对自己经历过的挫折，赵扬玉从来不予避讳。她一直认为："很多医学上探索性的研究，都是基于临床上遇到的问题和困惑。尤其是失败的案例，能让我们去思考自己还能为患者做什么。我们要勇于探索，勇于攻克难关，尽自己所能帮助孕产妇。"

于"不可能"中寻找可能

"自有人类社会以来，产后出血就是一个未解的难题。"虽然明知艰难，但赵扬玉尝试破题的脚步一直不曾停下。

近年来，我国在降低孕产妇和新生儿死亡率、提高医疗质量方面已取得巨大进步。2020年，我国孕产妇死亡率下降到16.9/10万。但其中，产科出血造成的死亡数量仍排在各类因素的首位。在诸多阴道分娩并发症中，产后出血的发生率最高。2021年，国家卫生健康委将"降低阴道分娩并发症发生率"列入年度国家医疗质量安全改进目标的第十位。

作为国家产科专业医疗质量和控制中心副主任，赵扬玉在中心主任乔杰的支持下迅速召集中心专家委员，制定了面向全国助产机构的《降低阴道分娩并发症发生率专项行动指导意见》。《指导意见》将降低阴道分娩产后出血发生率作为首要改进目标，并提出了一系列质量改进策略。

"我们期望用三年时间，将阴道分娩产妇产后出血的发生率在原基础上降低3%—5%。从数字上看，这好像只是一个很小的进步；但从医疗质量和孕产妇安全角度来看，这将是一个巨大的改善。过去一年，我们做了大量工作，也取得了一定的成绩，乔杰主任、我及所有专家们还将继续为此努力。"赵扬玉这样讲道。

2021年，因为前期深厚的临床和科研功底，赵扬玉团队再次获得科技部"十四五"重大研究课题项目，针对严重产后出血的防治策略进行深入研究。

她希望对产后出血进行科学测量，精准分析并发症风险点和关键环节，为基层医疗队伍提供一套切实可用的标准和预警机制。同时，从孕期和产程管理、助产能力、风险评估和预防等多个关键点入手，优化管理流程，减少可预防性分娩并发症的发生。

《健康报》2022年1月11日

妙手扶桑梓，仁心济妇婴

◎ 原鹏波

在以危重孕产妇症救治为特色而闻名的北京大学第三医院妇产科，每天都有高危孕产妇从全国各地转诊或慕名而来，接诊和救治的危重孕产妇数量连续多年居于北京市首位。作为妇产科党总支书记、产科主任，赵扬玉教授始终以共产党员的标准严格要求自己，坚持为人民服务宗旨，坚守为母婴健康护航的初心，带领妇产科团队克服困难、不断进取，在高危疑难母胎疾病诊治领域辛勤耕耘，以实际行动践行新时代新担当、新作为。

"我喜欢迎接新生命的感觉，这让我特别有成就感。"这是一次学生座谈会上赵扬玉主任脱口而出选择产科作为终身职业的理由。

产科是全医院中工作强度最大、风险最高的临床科室。高危孕产妇的病情可能在短时间内发生变化，医生不能有丝毫懈怠，否则可能两条生命都有危险。因此，产科也是容易引起医疗纠纷的科室之一。在这种高风险环境下，很多人可能无法坚持太久。赵扬玉医生数十年如一日坚守在产科一线工作岗位上，是什么样的信念支持着她？在与学生们座谈时，她经常说："我喜欢迎接新生命的感觉，这让我特别有成就感。"她总是教导她的学生："做医生首先要有同理心，要关心病人，设身处地去理解患者的感受。"与人为善不仅是她做人的道德准则，也是督促和支持她不断攀登医学高峰的原动力。

2012年5月，一位曾经有过不良生育史的高危孕妇沈女士从东北辗转而来。"赵大夫，我走投无路了，医生说我的胎盘血窦太丰富，没有医院敢收治我。但是我的第一个孩子是个残疾儿，天生没有听力。我生这个孩子，就是怕将来我老了第一个孩子没人照顾。所以我一定要生下来，宁可我自己死了。"这位因严重胎盘植入而辗转多家医院无法救治的沈女士向赵扬玉道出了危重产妇的心声。虽然当天门诊量已经满额，赵扬玉主任了解到她的特殊情况后，还是为她加号建档并预约住院。出人意料的是，没等完成入院前的化验检查，当天晚上患者就因突发下腹痛被送到产科急诊。接诊的医生紧急通知赵主任连夜会诊，当时判断这位患者胎盘可能已经穿透了子宫肌层，并发生了腹腔内出血而导致持续腹痛，等不及患者家属从外地赶来，赵扬玉马上为她安排了剖宫产手术。由于胎盘植入广泛并穿透子宫表面，病情极其凶险，加上前次手术遗留的盆腹腔广泛粘连，这次手术极其困难，术中出血1万多毫升，经过介入血管外科、泌尿外科、超声诊断科及妇科肿瘤专业的多名专家连续作战、联合会诊，最后终于转危为安。

对于剖宫产术后女性，再次妊娠时发生胎盘植入的概率较高。在国家二孩政策之前，这种严重胎盘植入病例还比较少见。但在2012年那例胎盘植入患者抢救成功以后，赵扬玉似乎预见到未来几年这种严重危及女性生命安全的疾病可能会越来越多。这一个病人抢救成功了，下一个病人还会有这么幸运吗？作为产科主任，她觉得自己应该做些什么……

事实上，随着国家生育政策的逐渐调整，高龄孕妇、有剖宫产史的孕妇数量确实逐年增加，像沈女士这样的外地患者由于当地医疗条件有限，也更多地转诊至北京的大医院，胎盘植入从原先多年不遇的罕见病也逐渐变成了综合医院产科的一种常见病。其中最凶险的莫过于穿透型植入，尤其是如果孕期超声未明确诊断，甚至在剖宫产术中开腹之后才发现胎盘血管怒张并穿出子宫表面，这种情况常常将病人逼入绝境，也是产科医生的噩梦。如果能在孕期尽早筛查、早期诊断、及时转诊至具有较高救治水平的医院，患者的风险将极大降低。

从2013年开始，赵扬玉带领北医三院妇产科临床和科研团队迎难而上，刻苦钻研，针对凶险性胎盘植入这类疾病开展了长达5年的全方位研究。一方面，她们迎难而上，在实战中总结临床经验，提高胎盘植入的手术技巧，在传统止血技术上创造性地发明了子宫下段前后缩窄加血管纵横阻断缝合术，并在此基础上发展了"九部手术法"以及宫颈提拉式缝合止血技术，极大地提高了子宫保留率并减少了术中出血以及输血量；另一方面，她指导妇产科超声医生针对有胎盘植入高危因素的患者进行详细的超声评估，结合孕期超声特点、术中胎盘植入严重程度及出血量，进行数学建模，摸索出一套行之有效的利用超声指标预测胎盘植入严重程度的评分方法。别家医院不敢收治的病人，赵扬玉说我们来收；别的医生不愿意做的手术，赵扬玉说我们来做。短短几年间，胎盘植入成为北医三院产科危重孕产妇中位居前列的疾病，现在几乎每周都有2—3例胎盘植入手术。

赵扬玉率先在国内提出的"胎盘植入超声评分量表"并在本院完成临床验证，其特异性和敏感性均较高。她又利用周末时间举办多次胎盘植入诊断和治疗的研讨会，与同行们分享诊治经验，奔走于各大学术会议，毫无保留地把胎盘植入的超声评分表及手术止血技巧分享给基层医院的医生，以惠及更多的患者。现在，由她首创的胎盘植入超声预测评分标准已在国内 20 多家医院使用。基层医生们一方面提高了对该疾病的认识水平，另一方面也可以自己先对高危患者进行初筛，对超声评分较高、植入程度较严重的患者再转诊至三甲医院，促进了胎盘植入性疾病患者的规范化诊治。正因为赵扬玉团队的不懈努力，我国的胎盘植入救治水平已处于国际领先水平。

2019 年，"第三届妇幼健康科学技术奖"颁奖会在北京人民大会堂举行，赵扬玉教授所主持的"胎盘植入围手术期管理策略"项目荣获妇幼健康科技奖科技成果奖一等奖。

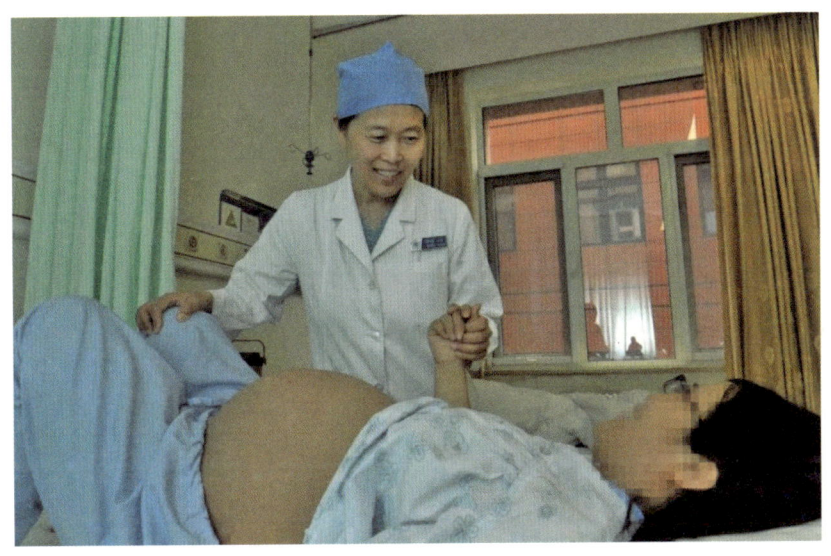

◆ 赵扬玉与孕产妇交流

每一天行色匆匆，赵扬玉总是为患者的病情焦灼而停留驻足；每一夜风尘仆仆，她又为学生们的早日成长而耕耘不辍。北医三院妇产科有着良好的教学传统，是中国住院医师培训精英教学医院联盟成员、国家级助产士培训基地和北京市住院医师规范化培训基地。

在紧张忙碌的临床工作以外，作为产科主任，赵扬玉也不忘记紧抓妇产科的教学工作。她坚信："授业练就了我们的双手，而传道则让我们越来越坚定选择的方向，并有勇气和力量面对所有的艰难和困苦。"对于自己学生以及科室的教学工作，赵扬玉也总是会费尽心思精心设计，不惜时力。从每周一次的研究生文献早读、每月一次的大妇产科教学查房，从异彩纷呈的病例讨论到群贤毕至的组会研讨，从邀请国外学者交流到带着学生到国际大会上参会发言。

自2008年以来，赵扬玉抓住胎儿医学亚专科建立和发展的契机，在国内率先探索建立胎儿医学相关专业人才的培养模式，主持了2014年北京大学医学部教育教学研究课题"胎儿医学专业人才培养模式的研究"，结合国内外胎儿医学领域研究热点，建立适合我国国情的胎儿医学理论教学课程和实践操作体系，形成纵贯"产前诊断—出生缺陷预防—宫内治疗"的胎儿医学特色课程框架，近10年来培养胎儿医学方向的博士研究生7名，推动北医三院成为中国北方最大的胎儿疾病治疗中心。她指导的多名研究生获得北京大学三好学生及北京市优秀毕业生等荣誉，她本人也多次被评为北京大学第三医院优秀教师。

"廉洁行医，为党为民为病患；德艺双馨，利人利己利苍生。"这是一位患者送来的锦旗上对赵扬玉医生的褒奖。确实如其所说，赵扬玉医生从医30余年来，诊治病患万千，迎接婴儿无数，但她始终保持低调、勤勉，无论是临床工作还是教学科研，她时刻把病人的利益放在首位，牢记"健康所系、性命相托"的初心，用高尚的医德、高超的医术赢得了患者的信任，她豁达开朗、乐观阳光的心态也时刻激励着妇产科每一名医护人员奋发前进。

北京大学医学部新闻网 2021 年 5 月 21 日

最美 2021
医生
ZUIMEI YISHENG

顾玉东

"最美医生"顾玉东：
听党的话，学白求恩，做好医生

◎ 左 妍

"人有两件宝，双手和大脑。大脑会思考，双手去创造。"这是我国著名手外科、显微外科专家、复旦大学附属华山医院手外科主任、中国工程院院士顾玉东引用得最多的一句民间俗语。

自 1966 年参与完成世界上第一例足趾游离移植再造拇指手术起，顾玉东便与"手"结下不解之缘，他先后荣获国家科技进步二等奖 6 项、国家发明奖 2 项。2021 年 8 月 19 日是第四个"中国医师节"，作为中宣部和国家卫生健康委评选出的"最美医生"，顾玉东手写 12 字感言，亦可概括他半个多世纪的从医生涯——听党的话，学白求恩，做好医生。

一分恻隐让他跨越了医学天堑

顾玉东 1961 年从上海第一医学院毕业后，一心想当心内科医生。想不到被分配到了华山医院骨科，更确切地说，是骨科的一个新分支——手外科。顾玉东有点郁闷，但医院党委书记找他谈话，希望他服从组织分配、到国家需求的地方去。为了让他打消顾虑，领导还告诉他，新学科发展急需医学基础好的人，他正合适。

若没有这次阴差阳错，也就没有后来的故事了。但优秀的人，不论做什么都优秀，这句话用来形容顾玉东恰好不过。1966年2月13日，顾玉东参与完成导师杨东岳医生主持的世界第一例足趾移植手术。此后的15年里他们共为100名失去手指的患者进行了足趾移植，其中93例成功，7例失败。

顾玉东总是提到一个失败的病例，也是7例失败中的最后一例。19岁的花季女孩不幸被机器轧烂了拇指，她带着希望从千里之外来到华山医院。"我告诉家属，以前有过几次失败，不能保证成功。但家属说，我们相信您，愿意试一试。"顾玉东为她做了手术，可是手术过程中发现她的足背动脉和进入第二趾的血管都非常细，不足1毫米，风险很大。术后新造的大拇指每况愈下，最后由红色变成了黑色。顾玉东心里难受极了，虽然家属一再表示理解，但他却无法原谅自己。他扶着女孩走出医院，还一路送到了十六铺码头。

此后，顾玉东努力钻研，历时5年的分析研究，首创了"第二套供血系统"，终于攻克了血管变异的难题，此后，华山医院手外科的足趾游离移植再造拇指手术再也没有失败过。在他看来，"医生的职责就是为患者解除痛苦，不能让他们带着希望来，带着痛苦走。"

从1000多例臂丛手术找到一根"替代"神经

"臂丛神经是什么呢?联络手和脑这两件'宝'的就是它。5根神经分叉汇合于颈部和胸部,大脑发出的指令通过它们传达到灵活的双手,由此创造出文明。"顾玉东介绍起自己的研究领域,生动有趣。

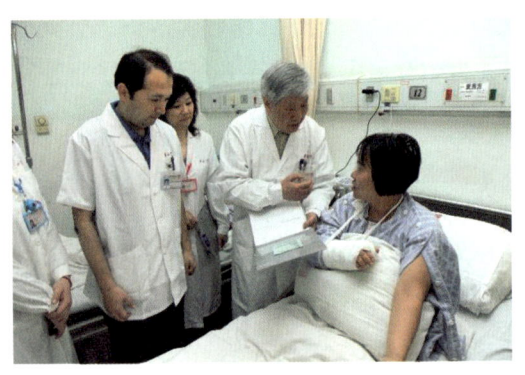

◆ 顾玉东查房时与患者交流病情

20世纪60年代前,因头、手之间受猛烈冲撞或过度牵拉而造成的臂丛损伤一直是个治疗"禁区"。失去神经支配的"上肢瘫痪"是不治之症。随着显微外科的兴起,各国医生开始设想从患者受伤的上肢寻找一些受影响较小的"多余"神经来代替受损的臂丛神经发挥作用。顾玉东他们选择了膈神经。

1986年,顾玉东遇到了一位29岁因车祸导致上肢功能丧失的黑龙江小伙子,他一侧的臂丛神经发生了根性撕脱断裂,与中枢神经彻底分离,这在当时难以治愈。小伙子痛不欲生,他怀着一线希望来到华山医院找到顾玉东。检查后发现,患者患侧膈神经、副神经和颈丛神经全部受到损伤,没有"多余"的神经了,也就是说,当时所有4组神经移植法对他都不适合。

臂丛神经由颈5—8和胸1五根神经组成,其分支主要分布于人体的双侧上肢，负责支配上肢、肩背和胸部的感觉运动功能，是人体运动神经中极其重要的一组。"我做手术有个习惯，除了写病史和手术记录，每完成一台手术都会做一个卡片，记录病人不同于手术常规的特殊情况。"顾玉东翻看了 24 年来积累的 1000 多病例登记卡总结的臂丛神经损伤治疗经验，发现了一个特殊现象，颈 5、颈 6、颈 8 和胸 1 的断裂都会影响肢体功能，单纯颈 7 神经的断裂不会有肢体功能障碍的症状。"如果把病人'好手'侧的颈 7'搬'到'坏手'一侧，那么'坏手'就可以重新恢复功能。可行吗？"

基于这一思路，顾玉东在国际上首创"健侧颈 7 移位术"，在周密的准备下，经过 10 个小时的显微手术，顾玉东终于顺利完成这一史无前例的手术。第二天，顾玉东早早地来到病房，检查发现患者健侧上肢除两个指尖有些麻木外，活动自如。患者笑了，顾玉东也松了一口气。经过功能锻炼，患者恢复了运动功能。

这项技术经过几十年的发展已经非常成熟，在世界范围内得到广泛应用。顾玉东的学生徐文东教授以及团队还发现，通过手术将健康侧的颈神经移至瘫痪侧的颈神经，让偏瘫上肢与同侧健康大脑半球相连接，以此激发健康大脑半球的潜能，在支配对侧健康上肢的同时也支配同侧的瘫痪上肢。这项成果刊登于顶尖学术期刊《新英格兰医学杂志》，徐文东教授说，这正是基于老师顾玉东 30 多年前国际首创"颈 7 移植"的新拓展。

带出一个"黄埔军校"，老院士还有医学梦

顾玉东的办公室里，各类获奖证书静静地诉说着这位长者的辉

煌。但在他心里，他却不认为这些荣誉属于他。"病人成就了我们，医生的所有成绩，都是病人用鲜血、痛苦甚至是生命换来的，既然如此，医生有什么理由不努力呢？我们的职责就是给病人解除痛苦啊！"

顾玉东作为科室主任，非常注重全体成员的思想道德教育，强调要做一名合格的医生，首先要学会做人。华山医院手外科毕业的研究生和进修医生，现在已成为上海和兄弟省市各大三级甲等医院的主任或技术骨干，有的还担任了局级、校级、院级领导，华山医院手外科被医务界誉为"中国手外科医生的黄埔军校"。

2021年7月，由顾玉东倡议发起的中国手博物馆落户江西南昌，他说自己做了40多年的梦终于实现了。1980年年初，他在瑞士参观完手博物馆后，一直梦想着在中国建立一座手博物馆，传播手的文化，弘扬手外科精神。如今，梦想成真，并不代表学术上的探索也终结了。他说，手外科还面临着一个难题：由于神经生长速度很慢，移植手术后，一条瘫痪的手臂要完全恢复知觉，大约需要两年时间，而到那时，手部的19块肌肉早已发生了不可逆转的萎缩，病人再也不能做出精细灵巧的动作了。因此，恢复和重建手内部肌的功能至今仍是世界性难题，被称为手外科领域的"哥德巴赫猜想"。

年逾八旬的顾玉东，既追求每个手术"零"失败，又追求学术上每个"零"的突破。他用手比画出一个"零"，这个动作所用的就是手内部肌功能。他说，"对臂丛神经损伤患者而言，我们尚不能使他们重新获得一双功能健全的手。我的所有成果加在一起，还没有做到这个'零'的突破，希望我的学生，希望一代一代后来人，为手内部肌而奋斗！"

《新民晚报》2021年8月19日

顾玉东：别让病人带着希望来，带着痛苦走

◎ 唐闻佳

2021年是顾玉东院士从医执教60周年，也是复旦大学附属华山医院手外科成立60周年。两个"60年"的重合，见证了顾玉东这代新中国医学事业的开拓者，将个人命运与救死扶伤使命、医学学科发展深刻交融的动人历程。

在现代医学学科里，手外科算是年轻学科。1961年，从上海第一医学院（现为复旦大学上海医学院）毕业，顾玉东就投身于刚建立的手外科，从零起步，一点点拓荒，他带领华山医院手外科屡创中国乃至世界范围内的"第一"：国际上用"膈神经"移位治疗臂丛神经损伤的第一人；首创"第二套供血系统"使足趾游离移植再造拇指手术成功率提升到100%；突破医学禁区，用伤者健康侧的颈7神经来修复瘫痪的手臂……因拥有多项原创成果，顾玉东六获国家科技进步二等奖。

2021年8月19日是第四个"中国医师节"，中宣部和国家卫健委推出 10 名 2021 年"最美医生"和 1 支"最美医生团队",顾玉东当选"最美医生"。谈及在"中国医师节"之际获得的这一殊荣,84 岁的顾玉东想与青年医务人员分享一句话,这也是他一生的从医箴言:"听党的话,学白求恩,做好医生。"

从 93% 到 100%,对患者的深刻共情让他跨越医学天堑

2021 年 7 月 23 日,江西南昌,目睹中国手博物馆揭开面纱,满头白发的顾玉东院士感慨万千,"心情非常非常激动,做了 40 多年的梦,今天实现了!"

原来,1980 年年初,顾玉东在瑞士参观完手博物馆后,一直梦想着在中国也要建一座手博物馆。如今,梦想成真。在这里,记载着中国手外科从无到有、艰苦奋斗、一路走到世界医学之巅的光辉历程。顾玉东说,希望青年一代在这里认识手、保护手,用双手创造美好的中国、美好的世界。

"一双手",是顾玉东医学人生里最为特殊的符号。1961 年,大学毕业的顾玉东服从组织安排,进入华山医院骨科的新分支——手外科。这个刚起步的学科是新中国手外科的原点,服务于当时的工业生产保障需求。他个人的命运就此与时代需求、国家需求紧紧联系在一起。

1966 年 2 月 13 日,顾玉东参与完成导师杨东岳医生主持的世界第一例足趾移植手术。此后 15 年,他们共为 100 名失去手指的患者进行了足趾移植,其中 93 例成功,7 例失败。每次给青年医生讲

课，顾玉东总会提到一个失败的病例。这名19岁的花季女孩不幸被机器轧烂了拇指，她带着希望来到华山医院。顾玉东按常规为她做了手术，可手术过程中发现她的足背动脉和进入第二趾的血管都非常细，不足1毫米，手术治疗风险很大。

果不其然，术后新造的大拇指每况愈下，最后由红色变成了黑色……家属一再表示理解，但顾玉东无法原谅自己，"医生的职责就是给患者解除痛苦，现在手指没好，还少了一个脚趾，等于增加了痛苦。"

这个病例也促使顾玉东加倍钻研，历时5年研究，他首创了"第二套供血系统"，终于攻克了血管变异的难题。此后，华山医院手外科的足趾游离移植再造拇指手术成功率从93%提升到100%——再也没有失败过！

正是对患者的深刻共情，让顾玉东跨越了医学天堑。他也因这项成果在1987年首次获得国家科技进步二等奖。

从1000多例臂丛手术，到一根神经的"再发现"

生命奥秘难穷尽，登医学之崖也如同登山，永远有下一个更高更险的山头等着攀登者。

1986年，一名黑龙江小伙遭遇摩托车事故，左侧臂丛受伤，左胸多根肋骨骨折。面对左手瘫痪的残酷现实，小伙痛不欲生，怀着最后的希望找到顾玉东。

经检查发现，小伙的侧膈神经、副神经和颈丛神经全部受损，根本没有"多余"神经可用，也就是说，当时所有4组神经移植法对他都不适合。

此时的顾玉东已完成1000多例臂丛手术。他有一个特别的职业习惯，就是给患者制作病例卡片、记录要点。就是这样一个看似很笨的习惯，却在日积月累中有了收获——顾玉东从1000多例手术中发现一个奇特的规律：在臂丛的五大神经根中，颈7神经根在损伤后很少有症状出现，只有当4根以上的神经根同时损伤，颈7神经根的临床症状才会出现。这提示，颈7神经根支配的肌肉可由其上下两根神经代偿支配！

这个发现让顾玉东兴奋不已，他赶紧投入利用未受伤的健侧颈7神经移位来修复患侧受损臂丛的研究。最终，在周密的准备下，经10个小时的显微手术，顾玉东终于完成了这一史无前例的手术。

手术后的顾玉东很疲惫，可那一夜，他几乎没有合眼休息，待第二天清晨就早早来到病房，等着这名黑龙江小伙醒来。检查发现，小伙健侧的上肢除两个指尖有些麻木外，活动自如。小伙笑了，顾玉东也笑了。

3年后的1989年，第八届国际臂丛学术大会召开，顾玉东关于"颈7神经根移位"的报告轰动全场。国际著名臂丛专家后来在《臂丛疾病》专著中高度评价顾玉东："顾玉东完成了健侧颈7移位术，这是我们西方医生不敢想的。"

如今，全世界都在用这一技术。而这一切的缘起，是一名心怀患者的中国医生在无数次看似重复的病例建档中看到了"不一样"，实现了超越。

登顶"哥德巴赫猜想"之巅,老院士有新牵挂

作为科室主任和党龄 32 年的共产党员,顾玉东很注重对科室成员的思想道德教育,他始终强调,要做一名合格的医生,首先要学会做人。

手外科专家教授多,各有特长,顾玉东反复强调团结的重要性。手外科团队在他的带领下凝聚起了无穷的战斗力、创新力,荣获全国"五一劳模集体"、全国

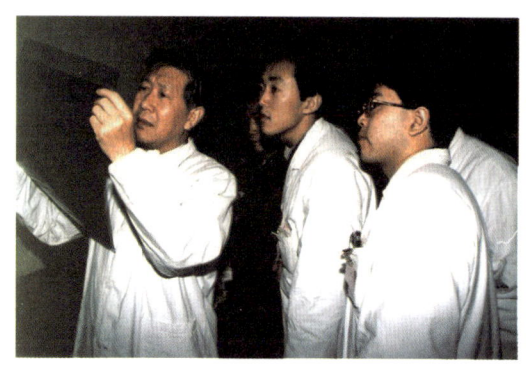

◆ 顾玉东与同事们查看病人病历资料

"工人先锋号"、全国高校科技先进集体等一系列荣誉称号。这里毕业的研究生、进修医生,已成为上海、兄弟省市各大三甲医院的主任或骨干。

面对荣誉,顾玉东抱有"往事清零"的心态。3 年前,"2018 年度中国十大医学科技新闻"出炉,"改变外周神经通路诱导大脑功能重塑"位列其中。这项刊登在顶尖学术期刊《新英格兰医学杂志》的中国科研成果,针对的是中风等脑损伤导致的上肢偏瘫难题。顾玉东的学生徐文东教授对此提出"健侧颈神经根交叉移位手术"的全新策略,借助神奇的"手—脑"互动,单侧手臂瘫痪患者有望恢复上肢功能。这为人类认识大脑、调控大脑提供了激动人心的新视

角，而这，正是基于顾玉东 30 多年前国际首创"颈 7 移植"的科学佳话。

医海探索无涯，如今，84 岁的顾玉东院士仍牵挂着他的"哥德巴赫猜想"。"对臂丛神经损伤患者，我们尚不能使他们重新获得一双功能健全的手。每想到此，我就深感自己离'好医生'尚有很大距离。我的所有成果加在一起，还没有做到这个'零'的突破，我希望我的学生、一代代后来人为之奋斗。"顾玉东说。

顾玉东正是这样一名执着的医者，用六十载励学修术，几千张手写病例卡，追求每个手术"零"的失败率，希冀更多"从零到一"的突破，用半个多世纪的从医执教经历兑现着对患者的承诺——"别让病人带着希望来，带着痛苦走"。

《文汇报》2021 年 8 月 19 日

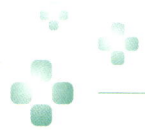

顾玉东：我手携我心

人类文明的漫长进程何尝不是一段人手与人脑相互促进的精彩乐章：大脑孕育智慧，双手把创意付诸实践，人类才得以不断进步、发展。

这一双手，顾玉东研究了几乎一辈子。

顾玉东，1937年出生，祖籍山东，我国著名手外科、显微外科专家，中共党员。作为新中国手外科奠基人，他一生与手打交道，以超群的智慧、不凡的医术以及对患者赤诚的爱心，创造了许多"世界首创""中国第一"，让我国在手外科领域领跑世界，改变了大量患者的命运。

"手有19块小肌肉，这些小肌肉的灵活运动，可以诞生出无数伟大的创造。"顾玉东娓娓道来。在他眼里，这一双双血管与神经密布，穿梭着骨骼、肌肉、肌腱的手，不再只是解剖意义上的手，而是一件件珍贵的艺术品。

1961年，从大学毕业的顾玉东服从组织安排进入华山医院骨科的一个新分支——手外科。这个刚起步的学科是新中国手外科的原点，服务于当时迫切的工业生产保障需求。他个人的命运也就此与时代需求、国家需求紧紧联系在一起。

突破医学禁区，无数次重复找到超越点

2019年1月，"2018年度中国十大医学科技新闻"出炉，"改变外周神经通路诱导大脑功能重塑"荣登"十大"之一。

这项刊登在顶尖学术期刊《新英格兰医学杂志》的中国科研成果，说来神奇：针对中风等脑损伤导致的上肢偏瘫，华山医院徐文东教授、顾玉东院士团队提出"健侧颈神经根交叉移位手术"的全新策略，即通过手术将健康侧的颈神经，移至瘫痪侧的颈神经，让偏瘫上肢与同侧健康大脑半球相连接，以此激发健康大脑半球的潜能，在支配对侧健康上肢的同时也支配同侧的瘫痪上肢。

借助如此神奇的"手—脑"互动，单侧手臂瘫痪患者有望恢复上肢功能，这更为人类认识大脑、调控大脑提供了激动人心的新视角。

谈及这项研究，华山医院手外科新一代领军者徐文东教授感慨不已。他说，这正是基于老师顾玉东30多年前国际首创"颈7移植"的新拓展。

这个科学故事得回溯到33年前的一名黑龙江的年轻患者。1986年，这个年轻人因为一场交通事故的猛烈撞击，右臂瘫痪。"29岁就残废了，实在接受不了。"病人说，抱着最后一丝希望，找到华山医院。

顾玉东收治了他，但发现，伤情比预想的还要严重——病人的臂丛神经被连根拔起，发生了"根性撕脱"。臂丛是人体上肢神经中

最重要的一组,由颈5、颈6、颈7、颈8和胸1这五大神经根组成,解剖结构异常复杂。这种"根性撕脱"造成的上肢瘫痪,20世纪60年代以前在全球都是不治之症。

到20世纪70年代,显微外科兴起,各国手外科医生开始设想:能否切断患者身上的一根受影响较小的神经,来移植并修复受损的臂丛神经呢?顾玉东真发现了一根可用来修复臂丛损伤的神经——膈神经。早在1970年8月6日,顾玉东就做了世界上第一例膈神经移植手术,用膈神经来修复患者撕脱的臂丛神经。

那么,这个患者有救了?并没有。经检查发现,他的膈神经也受损了!一筹莫展之际,顾玉东在翻看自己做的上千例臂丛手术后,盯上了臂丛神经中最特殊的一根——颈7神经。他发现,颈5、颈6、颈8、胸1,都不能断,断了,功能都有影响;而颈7很神奇,断了,却没有发生功能障碍。

能否从病人的健康手臂中取一根颈7神经借给患侧,使瘫痪的手臂恢复功能?这是一次向医学禁区发起的挑战,一旦失败,意味着患者的两条手臂都可能丧失功能。

这台手术结束后,顾玉东一宿没睡,第二天早晨6点就赶到医院,等患者清醒。随着病人的好手举起,顾玉东心里的石头落地了。手术后,患者的手臂仅暂时麻木和肌力减退,3—6个月后恢复正常,最终,瘫痪的手也可以独立运动了。

3年后的1989年,第八届国际臂丛学术大会召开,顾玉东关于"颈7神经根移位"的报告轰动全场。国际著名臂丛专家Narakas后来在其所著《臂丛疾病》中高度评价顾玉东:"顾玉东不仅在160多例患者中完成了膈神经移位,还完成了健侧颈7移位术,这是我们西方医生不敢想的！"

如今，全世界都在用这一技术，不仅解决了臂丛神经的修复问题，更为日后研究正常肢体的神经功能支配与脑的支配提供了一个活体窗口。

很多人问顾玉东，当初哪来的胆量？他说，这不是胆量能解决的。原来，顾玉东有一个习惯，给治疗过的每位患者做档案卡，正是几十年如一日的积累，让他在无数次看似重复的病例里发现了差异，实现了超越。

服从国家需求，投身从零起步的手外科

"医无止境、永不满足"的心态，似乎肇始于顾玉东的少年时代。

1937年，顾玉东出生在山东章丘一个普通的家庭，幼时饱受战乱之苦，全家从山东逃难到上海。1947年的一个深夜，年仅10岁的顾玉东因为脑膜炎突发高烧，抽搐而不省人事，值班医生急忙把一名年资较高的王医生从家中喊到医院。救人心切，王医生从楼上摔落，但他不顾自己的疼痛，直冲顾玉东的病房。这个医生整整忙碌了一夜，早晨，顾玉东的症状缓解了，王医生才意识到自己的脚趾骨折了。在那个青霉素还未普及的年代，正是这名医生的敬业，把年幼的顾玉东从死亡边缘拉了回来。

"我想当一名像他一样的好医生。"顾玉东说，此后，无论经历多少坎坷，都没忘记最初的志向。

初中毕业，顾玉东就报考了上海市卫生学校。报考这所学校是

因为卫校学制短，两年就能学成做医生，当时正值抗美援朝，英勇抗战的志愿军事迹深深激励着顾玉东，他一心希望早日投身工作，报效国家。

1955年卫校毕业后，顾玉东被分配到上海化工厂医务室当医师。人生的第一个重要转折也在此发生。报到之初，党支部书记看着这张稚嫩的面孔就说："18岁，年纪这么轻，应该去读书呀！"党支书还决定让顾玉东脱产备考。

顾玉东不负所望，一年后就考上了上海第一医学院，这是第一所由中国人自己创办的医学院，一级教授占据全国医学界的半壁江山。

"听林兆耆教授讲内科学，每堂课都是一种享受；解剖系齐登科和郑思竞教授知识渊博，上课富有激情；病理学谷镜汧教授讲课生动，且注重和临床结合。"毕业逾半个世纪，顾玉东深情回忆母校：当时的中国物资还很匮乏，但上医的教授们都能守住清贫，坚决不私自在外开业，而将全部精力用于科学研究和教书育人。

在他看来，这就是上医精神——苦学、淡泊名利、不被外界的纷繁浮躁干扰，专心做学问，专心看病，专心为人民服务。多年后，这种精神依旧鞭策着他。

也是在上医的几年，全国上下提出"向科学进军"的口号，医疗界兴起以白求恩为学习榜样，时代的洪流投射在年轻的顾玉东身上，表现为只争朝夕地学习。他几乎每天泡在图书馆，连寒暑假、春节都是如此，五年如一日。在大学期间总共超过1000次的大小测验、考试中，他全是满分，连体育和当时的"劳动卫国制"等科目也不例外。

1961年，顾玉东从上海第一医学院毕业了，一心想投身心内科。对他影响颇深的王医生就是内科医生，且当时心血管研究正是热门。大学最后一年，顾玉东还写了一篇有关心肌梗死的论文，被《中华内科学》杂志录用，与几位医学泰斗的论文并列，实属瞩目。

哪知报到时，他被分到了华山医院的骨科。顾玉东起初不理解，医院党委书记对他说，首先，团员要服从组织分配、国家需求；其次，他要去的骨科新分支——手外科是新兴学科，急需医学基础很好的人，他正合适。

两句话，说得顾玉东心服口服。

"别让病人带着希望来，带着痛苦走"

在现代医学史上，手外科是一门年轻学科，直到1951年，才在国际上成为独立的专科。10年后的1961年，华山医院率先在国内成立手外科。

"需求很大，有时需要通宵做手术。"顾玉东记得，一到手外科，就跟着骨科副主任、手外科负责人杨东岳老师没日没夜地扑在临床上。当时，大工业生产兴起，很多工作依靠工人兄弟的双手去完成，烫烧伤、机械伤难免，病人集中到了华山医院。除了忙门急诊、手术，顾玉东与老师周末还会下工厂做科普。

1966年2月13日，顾玉东迎来从医生涯的首个"第一"。这天在上海，世界第一例足趾移植再造拇指手术在华山医院进行。在杨东岳医生的主持下，顾玉东参与了这台历经22个小时的艰难手术，最终为一位失去拇指的工人通过移植其足趾，成功再造了拇指。此后连续5个月，顾玉东每月都参与一例足趾移植手术，均获成功。

1972年，中美邦交正常化，美方医学代表点名要看华山医院的"世界第一"足趾移植再造拇指术。原来，美国从1965年开始做相关动物实验，直到来华前才成功，当获知华山医院已成功累积5例手术，他们倍感惊奇。

随后的9年里，顾玉东跟着老师杨东岳做了近100例足趾再造拇指手术。杨东岳在旧金山报告了所做的近100例足趾移植再造拇指手术，因为只有7例失败，被大会主席哈瑞·邦克称赞为"成活率最高、功能最好"的手术。但这并没让杨东岳、顾玉东满意，因为对那失败的7名患者来说，手术就是100%失败。在那7例失败的手术中，有1例、也是7例中的最后1例给顾玉东留下了极深的印象。

那是1981年3月的一天，一名因工伤折断拇指的19岁女孩从大连来到上海，希望在华山医院接受拇指再造手术。然而，手术进展得很不顺利，顾玉东发现，女孩的足背动脉血管远比常人要细，很容易发生供血中断，导致足趾坏死。在先前顾玉东参与的近100例手术中，就有4位患者存在血管变异，而他们中只有一人手术成功。

1/4的胜算，手术要不要进行下去？顾玉东走到手术室外，向女孩的母亲征询意见。"别说1/4的胜算，就算百分之一，我们也要试试，到华山医院，就是绝对信任你们。"在女孩母亲的坚持下，手术继续进行。

然而，奇迹没有发生，女孩新造的大拇指每况愈下，由红色渐渐发白、变紫，最后变成了黑色……虽然家属一再表示理解，但顾玉东无法原谅自己，他扶着女孩走出医院，一路送到了十六铺码头。

"医生的职责就是给病人解除痛苦,她的手指没好,还少了一个脚趾,等于还增加了痛苦。"顾玉东说,医生的职业不能拿百分比来算的,就是99%的成功,那个1%的失败对当事人来说,也是100%的失败。

"不要让病人带着希望来,带着痛苦走!"抱着这个信念,他钻进了解剖室,拿病人坏死的足趾反复研究。经过5年对数百例手术的分析总结,他终于找到了攻克血管变异难题的方法。

◆ 顾玉东给老人们示范手指保健操

"有细的,就一定有粗的,背面细,底面就粗。第一跖骨背动脉细,第二跖骨背动脉就粗,它是辩证的!"发现这一规律后,但凡手术中碰到直径小于1毫米的血管,顾玉东就一定要多找一根粗的血管,保证足趾移植后的供血万无一失,这就是他首创的"第二套供血系统"。后来,凡是做两套供血系统手术的,没有一例失败。顾玉东也因此在1987年第一次获得了国家科技进步二等奖。

在顾玉东的办公室,我们看到了他从医半个世纪所获的各类证书,它们静静地摆放着,似在诉说这名老者的辉煌,但在顾玉东心里,它们的分量似乎更重。他说,医生的成绩、奖项是病人用鲜血、痛苦乃至生命换来的,既然如此,医生有何理由不努力回报患者的这份恩情呢?

往事清零，手外科里冲击"哥德巴赫猜想"

30多年后的今天，工业生产迈入精细化甚至人工智能时代，工业生产造成的手外伤大幅减少，华山医院手外科似乎完成了时代的使命，却又在永不停歇的医学拓荒路上，为自己开启了一个重要的新征程——手—脑互动。

1986年，顾玉东勇闯"禁区"，首创"健侧颈7神经移位术"，成功治疗臂丛神经损伤的黑龙江小伙。现象背后的原因是什么？这个团队没有停止对科学真相的探寻。针对这类患者手术后恢复呈现出的明显动态过程，手外科徐文东教授、顾玉东院士率领课题组进行了10多年的深入研究，最终发现，大脑功能重塑参与了这一修复过程，进而提出脑科学领域的全新观点：一侧大脑具有同时控制双侧上肢的潜能！

2017年12月20日，《新英格兰医学杂志》以原创论著形式发表华山医院手外科开展的这项"健侧颈神经根移位手术治疗脑卒中、脑瘫后上肢痉挛性偏瘫"研究成果。

科学世界里的勇者就是如此，永远有往事清零、随时准备"再出发"的勇气、作为与担当。

顾玉东说，手外科发展到今天，还面临着一个难题：由于神经生长速度很慢（成人一天长1毫米，儿童一天长2毫米），移植手术后，一条瘫痪的手臂要完全恢复知觉，大约需要两年时间，而到那时，手部的19块肌肉早已发生了不可逆转的萎缩了，病人的手指再也不能做出精细灵巧的动作了。因此，恢复和重建手内部肌的功能至今仍是世界性难题,被称为手外科领域的"哥德巴赫猜想"。

顾玉东向记者做了一个"对掌对指"的手势。"对掌对指是手内部肌的功能,但是这个手势却表示数字'0'。"他说,自己所有的成果加在一起,还没做到突破这个"0",希望学生,希望一代代后来人,冲击手外科"哥德巴赫猜想",为让患者们都能拥有一双灵巧的手而持续奋斗。

《文汇报》2019 年 3 月 3 日

最美 2021
医生 ZUIMEI YISHENG

童朝晖

为守护人民群众生命健康冲在一线

◎ 吴储岐

首都医科大学附属北京朝阳医院副院长、北京市呼吸疾病研究所所长童朝晖的办公室里,有一张大幅照片,那是2020年9月8日,全国抗击新冠肺炎疫情表彰大会上,习近平总书记亲自为他颁发"全国抗击新冠肺炎疫情先进个人"奖章时的照片。

"这是一份无上的荣誉,将永远激励我不断向前。"童朝晖说。作为一名有着30多年党龄的党员、国内知名呼吸与危重症救治专家,他以舍生忘死的担当和大医精诚的品格,一次次完成党和人民交给的任务,倾情倾力守护人民生命健康。

逆行——
"我是一个'老兵',保证圆满完成任务"

2020年年初,新冠肺炎疫情突如其来,一场疫情防控的人民战争、总体战、阻击战打响。

"我是一个'老兵',保证圆满完成任务!"2020年1月18日,童朝晖逆行出征奔赴一线,是最早到达武汉的专家之一。

作为重点关注危重症患者的救治专家,童朝晖每天深入临床一线,指导和参与同济中法院区、武大人民医院、武大中南医院、武汉市金银潭医院等16家武汉市医院以及黄石市、黄冈市、鄂州市、孝感市等多家医院的危重症患者救治工作。他常常"全副武装"在隔离病房连续工作10个小时以上,带领医护人员全力以赴与病魔较量。

此后,童朝晖又继续奔波在其他城市,接连参与了几场局部地区聚集性疫情歼灭战,先后转战哈尔滨、吉林、青岛、北京、石家庄、通化等地,连续抗疫250多天,行程2万多公里。

使命——
"出征是一种使命,我要为疫情防控斗争贡献力量和智慧"

奔赴武汉时,童朝晖是和女儿一起去机场的,"她要出国读书,怕她担心,当时没告诉她去干啥,想着大概两个礼拜就回来了,没想到一去就是100天。"童朝晖说。

童朝晖的家乡是湖北省黄冈市蕲春县,距离武汉约两小时车程,但他一次也没回去。近在咫尺的母亲懂儿子的心思,发来信息说:"你听从党的召唤,从北京到武汉,我们为你感到骄傲。我们在家不出门、不串门,守望你早日归来,不必担心。"

"出征是一种使命，我要为疫情防控斗争贡献力量和智慧。"童朝晖说。

在繁忙的临床工作之余，他总结救治体会写成札记，发在自己的微信朋友圈，帮助同行加深对这个疾病的认识。童朝晖还在网络上积极发声，回应社会关切，普及科学知识。

武汉抗疫中，作为一名党员医生，童朝晖提出在各个援鄂医疗队建立临时党支部。事实证明，一个个临时党支部充分发挥了战斗堡垒作用，为抗疫斗争取得阶段性胜利作出了重要贡献。

初心——
"守护人民群众生命健康安全，我将继续勇往直前"

从事呼吸与危重症专业30多年来，童朝晖始终坚守从医初心，攻克难题，抢救最危重的患者。他默默耕耘在呼吸道传染病领域多年，每当北京出现新发呼吸道传染病，都是冲在救治一线。

2003年，38岁的童朝晖学成归国，临危受命成为SARS定点医院——朝阳区妇幼保健院的SARS病房主任，在一线坚守3个月，收治100余名患者，无一例死亡。

在国家多个应急突发公共卫生事件中，也有他忙碌的身影和杰出贡献。2008年，他发现了北京市第一例H5N1禽流感患者；2013年，他诊治了北京市第一例H7N9患者；2019年8月，他又发现并成功救治了北京市第一例H5N6禽流感患者；2019年11月，他诊断救治了2例罕见的输入型肺鼠疫患者，无一例医务人员和患者感染……

"守护人民群众生命健康安全,我将继续勇往直前!"童朝晖说,"只要我还能发挥作用,就要往前冲。作为医生,守护健康、守护生命是终生职责,我将以实际行动为健康中国建设贡献力量。"

《人民日报》2022年6月28日

战疫"老兵"童朝晖：
白衣为甲 信念为矛

◎ 田雅婷

"我是一名老党员。"这句话，首都医科大学附属北京朝阳医院副院长、北京市呼吸疾病研究所所长童朝晖总挂在嘴边。

童朝晖是一名有着30多年党龄的党员，同时，他从事呼吸与危重症专业工作也已30余年。他始终牢记入党誓言和从医初心，用舍生忘死的担当、敬佑生命的情怀、大医精诚的品格，一次又一次胜利完成党和人民赋予的使命。

2020年年初，新冠肺炎疫情来势汹汹，一场疫情防控的阻击战打响。面对传染性极强的病毒，面对疫情初期太多的未知与恐惧，童朝晖没有丝毫犹豫，毅然奔赴前线，是最早到达武汉的专家之一。

童朝晖经常全副武装，在隔离病房一工作就是十几个小时。他说，搞危重症的，要有鹰一样的眼睛。

一次在雷神山医院查房时，童朝晖用手摸了一下插管的气囊。

"气囊太硬。"他立即和管床医生说,"压力太高了,要降下来,否则容易出现气管食管瘘。适宜的气囊压力,摸上去的手感,要比摸自己的鼻尖软一点,比摸自己的嘴唇要硬一点。"30多年总结出的经验,他倾囊相授。

童朝晖很早就发现,新冠肺炎起病隐匿,临床表现为多器官受累,高龄合并基础疾病的患者往往预后差、病亡率高,救治难度大。因此,重症患者的救治成为疫情医疗救治工作的重中之重。他总结新冠肺炎临床特点,在疫情早期提出"关口前移、积极救治"的原则,挽救了大量危重症患者的生命。

童朝晖不仅全程参与了武汉保卫战、湖北保卫战,还接连参与了几场局部地区聚集性疫情歼灭战,先后转战哈尔滨、吉林、青岛、北京、石家庄、通化等多地,连续抗疫250多天,行程超过2万公里。

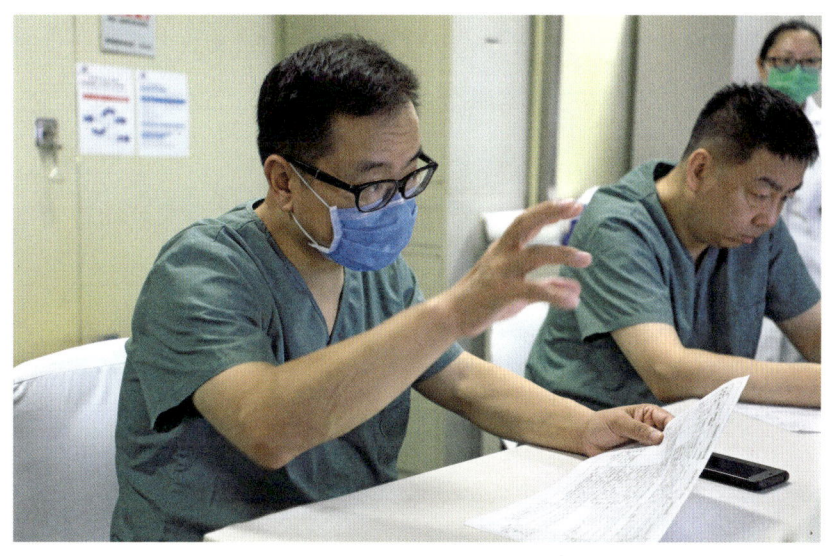

◆ 童朝晖在北京地坛医院分析病例特点

"也没想那么多，就是往前冲，党员就该往前冲。"有人问及童朝晖为何舍生忘死，他的回答总是这样朴实。

事实上，这并不是童朝晖第一次白衣为甲，逆行出征。作为一名战疫"老兵"，他屡次在国家突发应急公共卫生事件中发挥重要作用。可以说，哪里有传染病，哪里就有他忙碌的身影，临床一线成为他始终不下的火线。

2003年非典暴发，童朝晖主动请缨，在非典病房连续工作了3个多月。那时诊断技术、治疗手段等相对局限，没有基因测序，也没有核酸检测，只能依据患者症状、体征和一些简单的实验室检查诊断，治疗也只能对症治疗及进行简单的生命支持。就是在这样的条件下，他救治的100多名患者无一例死亡。

2008年，童朝晖发现了北京市第1例H5N1禽流感患者；2013年，他诊治了北京市第1例H7N9患者；2019年8月，他发现并成功救治北京市第1例H5N6禽流感患者。

战绩赫赫的背后，是与病魔较量的决心，以及数十年如一日的辛勤耕耘。30多年来，童朝晖始终坚守从医初心，攻克最难的问题，抢救最危重的病人。

"作为一名临床医生，守护健康、守护生命是终生的职责和使命。"童朝晖说，"我时刻准备着，听党召唤，为民尽责，救死扶伤，护佑生命。"

《光明日报》2022年6月30日

33年间，从不想学医到不能放弃

◎ 王艾冰

"感谢我当时误打误撞地学了医，现在才能拥有这么多次为国出力的机会。"

"医生真正的战场永远是患者的床旁，离病人近一点，就是离生的希望更近一点。"

"搞危重症的，要有鹰一样的眼睛，因为病人每一个细枝末节的变化，都是他们在与死神掰手腕儿。"

这3句话是北京朝阳医院党委常委、副院长童朝晖在描述自己30余年医生生涯中经常提到的3句话，用来提醒自己也提醒众多学生，他是一个医生、一个临床医生、一个呼吸危重症临床医生。

"每次突发事件，都让我感恩能为国家做点事情"

在朝阳医院，童朝晖有3个"固定"的办公场所，一个是位于门诊楼 9 楼尽头的一间出门诊的办公室，另一个在住院部 13 楼的呼吸重症监护病房，除了这两个地方外，他最常待的地方就是自己的办公室，走进这间并不大的办公室，最先看到的就是墙上挂着的一张他在全国抗击新冠肺炎疫情表彰大会上领奖时的照片。

"我特意让他们洗出来挂上去的，因为这对于我个人来说不仅是一份荣誉，也是从医 33 年中难得的一次考验的见证。"童朝晖看着那张身后的照片说道，仿佛再次回到了在武汉的 100 天。

2020 年 1 月 18 日，童朝晖出征武汉时是跟女儿一起去机场的，女儿出国学习，他去武汉抗疫。"女儿拿着个大箱子，我拿着个小箱子，心想我两个礼拜就回来了。"童朝晖回忆，没有想到这一去就是 100 天。到武汉就扎进隔离区，用 2 天时间把所有新冠肺炎重症患者情况摸查一遍，随后直接辗转哈尔滨、吉林、青岛、北京、石家庄、通化等多地，连续战疫 250 余天。

这些是童朝晖在出发时从没有想到要完成的事情，但他都完成了。这其实离不开此前多次突发事件的积累。

2003 年童朝晖承担北京市非典主检医师的艰巨任务，随后成为非典定点医院的病区主任，带领团队取得百余名患者无一例死亡的战绩；2008 年，发现北京市第 1 例 H5N1 禽流感患者；2013 年，诊治北京市第 1 例 H7N9 患者；2019 年，发现并成功救治北京市第 1 例 H5N6 禽流感患者；同年，诊断并救治 109 年来北京市首次出现的 2 例输入型肺鼠疫患者。

"为国出力，我一直是毫不犹豫要勇往直前的。"童朝晖告诉记者，正是这份毫不犹豫让他回想起任何一次走上疫情一线都没有恐惧。也是这份毫不犹豫让他告诉记者，"现在看起来坚持学医是正确的，不然我可能都没有为国出力的机会。"

"最开始并不想学医，但天生喜欢挑战"

之所以说坚持学医，是因为童朝晖当年填报志愿时并未填医学，学医是他被调剂的结果。

"我大学填志愿时没报医学，那会想学机械、计算机这些专业，但是因为报考的志愿都没有录取，我是被调剂到医学院的，第一年还有点不想学，想再参加一次高考。"童朝晖笑着说，但是那会儿父母和老师同学都劝我，让我坚持，也就是在坚持的过程中，我发现医生这个行业给人的挑战感和成就感是非常大的。

"做医生是一个慢慢喜欢的过程，但只要做了医生，就要做个名医。"这句话是童朝晖接受自己是一名医生的开始。从那之后，他未来的职业生涯开始以医生为核心。"本科毕业去医院轮转，只要有重病人我就不走，哪怕不是我的病人，我也要跟着去抢救，好像我天生就喜欢有挑战性的事情；当医生一定要是博士，所以我拿博士比其他大部分同学都拿得早……"

喜欢挑战的童朝晖仿佛注定要做一名危重症医生，每次遇到危重症病人，他都会看似轻松地说一句"试一试"。2014年，童朝晖接到了一个求救电话："一位24岁的产妇误服了百草枯，请求会诊指导救治。"接到电话后，童朝晖和团队医务人员立即赶往患者所在的医院，路上却接到对方电话说："你们别来了，患者已经快不行了。"

"还是过去吧，试一试。"就是这样看似轻松的一句话，让童朝晖和医生们坚持赶了过去，经过一番抢救后，患者闯过一关又一关，并最终等到了适合的肺源，接受了双侧肺移植。现在谈起当时为什么要坚持过去，童朝晖还是淡淡地说，"就想着试一试吧，万一呢。"

"做呼吸重症的好像啥也不会，却是离死神最近的"

童朝晖的这句"试一试吧，万一呢"背后，承载着太多患者和家庭生的希望。

"我最大的挑战其实在我所负责的呼吸重症监护室里，那里有16张床位，里边躺着的病人是我每天来到医院最放心不下的。"童朝晖沉重地说道。当记者走进这间重症监护室的时候发现，与其他病房不同的是，这里每一个患者好像都安静地睡着；这里的每一个医生面对的都是用力呼吸着的危重症病人，而童朝晖在这个特殊的地方扮演着怎样的角色呢？

在这里工作了18年的北京朝阳医院呼吸重症监护病房护士长张春艳说："童院是我们的领路人。"在张春艳的印象中，这个领路人天生带着一种威严，"童院很少对我们发脾气，但是就是每个人面对他的时候都会有压力，每次他来之前，年轻医生都会有一点害怕。"张春艳说，18年来，她只见童院发过两次火，一次是他的学生连基本的知识点都没记住；另一次是因为病房同时有3个上ECMO的病人，很多病人也比较危重，有些病人的细节年轻医生没有处理得很好。

"我跟他们发火都是因为他们对病人没有做到最好。"童朝晖笑着说，我经常跟他们说，"未来 10 年、20 年这些病人甚至我自己的生命都是要交到你们手里的，而且危重症病人的救治靠的是一个团队，每一个人都要做到万无一失。"

作为一名呼吸科危重症医生，童朝晖时常勉励自己和学生的一句话是："外科医生会动刀子、心血管医生会介入，呼吸科医生好像啥也不会，但是因为我们做危重症，每天面对的病人都是生死之间，你必须什么都要会，要有责任心、爱心和细心，还要有清晰的逻辑、不断积累的经验以及不断更新的知识点……"

"一名医生，永远要走到病人床旁"

"33 年了，每次遇到重病人或者突发事件的时候，感觉最初的热情依然会被唤起。"童朝晖说，不管走到哪儿，不管我是什么职位，看病人才是我的第一要务。"从最开始做医生的时候，就喜欢上了成功抢救病人带给我的满足感。"

所以即使到今天，童朝晖依然坚持每周一次门诊、两次查房，"跟在病人床旁的这个习惯，我从做科主任的时候一直坚持到现在。"周一门诊、周二和周五分别两次呼吸重症监护室查房是童朝晖雷打不动的习惯。早上 7 点到医院，童朝晖的第一件事是在办公室门口的公用跑步机上进行简单的锻炼，然后就开始了他一天的工作。

记者跟诊发现，从早上 8 点到中午 11 点，童朝晖出门诊。门诊结束，没有任何空闲，他立马参加了 2 个科室的会议，午饭是同事给他的一个花卷。

"明天早上 7 点 50 我会到呼吸重症监护室查房。"结束上午的

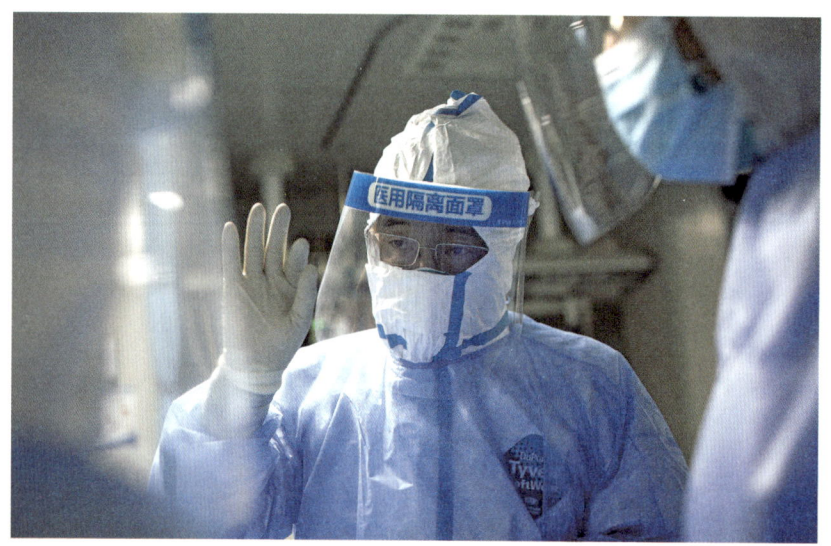

◆ 童朝晖要求医务人员注意患者每一个细微的变化

工作，他告诉记者，朝阳医院呼吸重症监护室的查房是从早上大交班开始的，交班医生说完各自负责病人的情况后，还会有厚厚的文件夹，记录着这里每一个患者的具体情况，一个患者一个患者地过，一个细节一个细节地核对，一个方案一个方案地提问和指导……

2个小时后，真正的查房开始，此时的朝阳医院呼吸重症监护室里有12位患者，童朝晖走到他们每个床旁，观察他们身侧的仪器，询问他们时刻变化的病情，用患者能感知到的方式告诉他们："这里的每一个医生，都是你们能走出去的信心。"

《健康时报》2021年11月24日

最美 2021 医生
ZUIMEI YISHENG

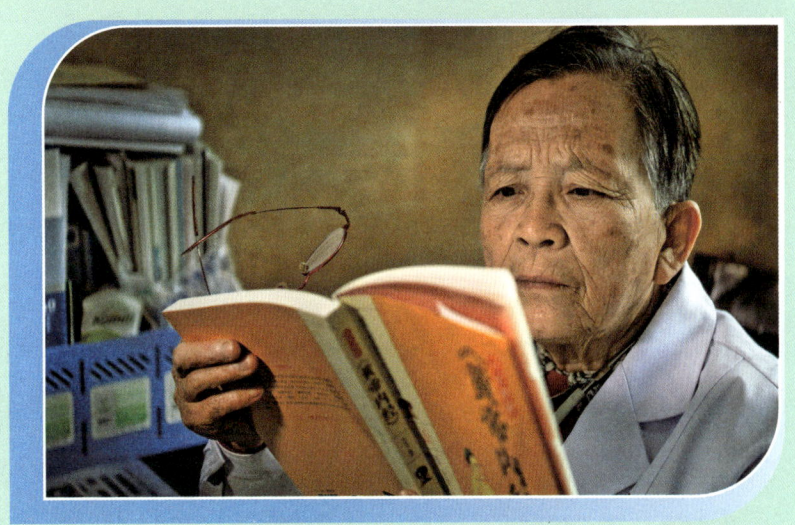

路生梅

"只要群众需要，我就在这里扎根"

◎ 姜辰蓉

1968年，路生梅大学毕业只身来到陕西省榆林市佳县从医。看到这里的群众缺医少药，路生梅许下承诺——"要为佳县人民服务50年"。53年来，她为众多患者解除痛苦，为这个落后的小县城建立起第一个正规儿科，还自愿"超期服役"，一直坚持义务接诊守护群众健康。

"祖国哪里需要我，我就到哪里去"

1968年，出生于北京的路生梅从北京第二医学院（现首都医科大学）毕业。24岁的她被分配到陕西佳县工作。她服从分配的理由很简单："我是祖国培养的。祖国哪里需要我，我就到哪里去。"

佳县位于黄土高原和毛乌素沙漠交界处，这里沟壑纵横、环境恶劣，贫困程度很深。当地医疗条件也十分落后，两排墙皮脱落的旧窑洞就是县医院,相当于华北地区一个乡镇卫生院的规模。

"我专业是儿科学,但是这里还没有分科。病人听说是'北京来的大夫',就觉得你什么病都能看,眼睛里都是希望。"为了不让病人失望,路生梅在工作之余抓紧一切时间和机会学习各种医学知识。白天坐诊、出诊,夜晚在油灯下看书、记笔记,成为她生活的常态。

"除了内外科、儿科,我还学会了妇产科、皮肤科技术。不少老乡习惯看中医,我又自学了针灸。"就这样,"准专科医生"生生变成了"十八般武艺皆通"的全科医生。

"这里需要我,我抛不下这里"

离佳县人民医院不远的一处背街小巷里,有两口窑洞,是路生梅的家。她家中陈设简单到寒酸:一铺炕、一个木质沙发、三合板的书桌、门扇掉落的衣柜……就是她的全部家当。

"刚来时也没想到能在这里安家,一待就是一辈子。"路生梅坦言,有段日子,走与留,在心头反复掂量。她到底还是没能割舍这片黄土地,因为佳县实在太落后、太缺医生了!

当时这里一些群众生病往往不去医院、不找医生,而是请"神婆"驱邪。一次出诊路生梅看到:土炕上的病人已经昏迷,"神婆"还在装神弄鬼、念念有词。这一幕让路生梅震惊。

"病人神志不清了,再耽误下去可不得了。"情急之下,路生梅说服家属同意她给病人诊治,最终她用针灸使病人清醒过来。"我也捏了一把汗,就怕这一针下去,病人还是不能清醒,那不仅救不了人,还争不来家属信任,他们以后还会相信'神婆'。"路生梅说。

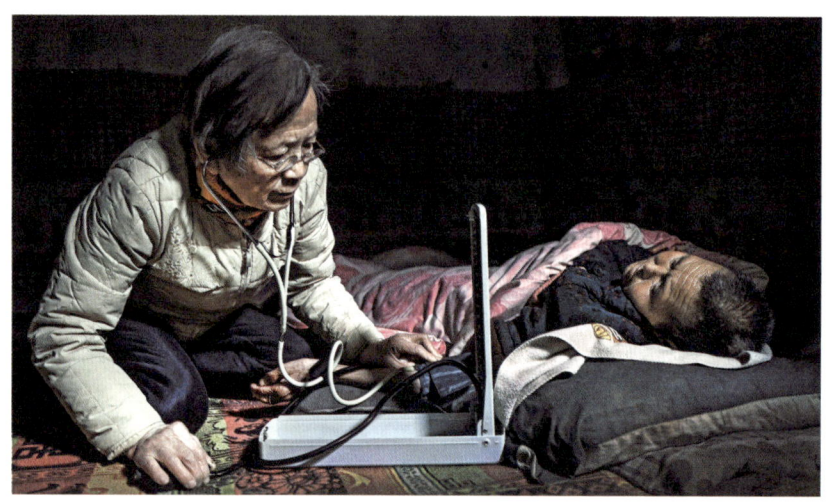

◆ 路生梅跪坐在土炕上为瘫痪的村民义诊

还有一次，她徒步一个多小时来到一位待产产妇家中，进门时，眼前的一幕让她格外痛心：产妇已经生产，却坐在一个沾满血迹的土袋子上，家人担心产妇休克，就用手拽着产妇的头发。另一名家属正准备用一把黑乎乎的剪刀剪脐带。"慢着！"路生梅冲过去夺下剪刀，一边向家属解释，一边迅速拿出消毒器械，给孩子断脐、包裹。

"我决定要留在佳县，这里需要我，我抛不下这里！"在作出决定后，路生梅郑重地把"为佳县人民服务50年"写进思想汇报。

扎下根来的路生梅更专注于提升当地医疗水平。为了挽救更多小生命，路生梅又着手创建独立的儿科。1983年，佳县人民医院首设小儿科，路生梅成为首任儿科主任。

"我就像风筝，线永远在病人手中"

1999年，路生梅退休了，同龄的大夫要么含饴弄孙，要么被其他医院返聘。路生梅医术精、人品好,很多医院争相高薪邀请,她却一一拒绝。路生梅仍然选择在佳县工作,但却是免费义诊。"国家已经给了我退休工资,我不缺钱,不能再拿另一份钱。"

佳县人民医院一间几平方米的房间是路生梅的办公室,这里常常挤满患者。路大夫的患者中,不仅有佳县本地人,还有许多来自周边县区,甚至黄河对岸山西省的患者。"路大夫看得好,我们放心。人好,从来不起火(有耐心)。"53岁的樊某带着小孙子来看病,"我小时候就找路大夫看病,我们家五代人都找她看过病,半个佳县城的人都找她看过病,我们信她。"

除了在佳县人民医院、佳县中医院轮流坐诊,她的住址很多人都知道,有的病人白天上班,下班后才能过来,路生梅也不推拒。路生梅的电话号码更是不知有多少人知道,只要有人问,她就告知;只要来电话,她都接,一时没接上有空就马上回拨,"万一是急病呢?一点不能耽误"。

个头不高、身形瘦削、身板笔直,和年轻时没什么差别;但乡音已改,鬓发花白,皱纹爬满了她的面庞。五十载已过,路生梅仍在"超期服役"。有人粗略估算,仅退休后的20年里,路生梅义诊的患者就超过10万人次。

50多年来,除了外出培训、回京探亲,她几乎没离开过佳县。"我回京探亲时,电话还是一直响,都是病人来电,问我啥时候回去。"路生梅说,"我就像风筝,不管在哪里,线永远在病人手中。"

新华社西安2021年8月6日电

在黄土地上
用坚守诠释"医者仁心"

◎ 党柏峰

从一位青春靓丽的姑娘到年逾古稀的老人，53年间，她将自己最美的年华奉献给了这块土地，直到白发苍苍；53年间，从门诊到手术台，从县医院到乡村，她用高尚的医德和精湛的医术守护着一方百姓，用满怀火热的心扶弱助残，成为无数妇女儿童心中的天使。

她就是陕西省榆林市佳县人民医院原副院长、儿科主任，全国三八红旗手，全国优秀共产党员，中国好医生路生梅。

大学毕业后的路生梅响应国家号召，背起行囊，从繁华的首都北京来到贫瘠的陕北黄土高原。在这片黄土地上，她用无私奉献改变佳县落后的医疗面貌，用坚守诠释"医者仁心"的初心和使命。

路生梅加入中国共产党用了23年时间，经受了各种磨难和考验，从1961年向党组织递交第一份入党申请书，直到1984年正式加入中国共产党，无论顺境还是逆境，她从来没有动摇过入党的决心，而是怀着无比坚定的信念将"为党工作50年，为佳县人民服务

50年"写进自己的入党申请书。

"在艰苦岁月中,我为自己能在佳县汲取红色文化传承红色基因而倍感欣慰。我会继续在佳县干下去,争取做到'生命不息,服务不止'……"朴实的话语讲述了她来到佳县50余年从医路上的青春岁月和执着坚守,这就是路生梅作为一个共产党员的朴素情怀。

◆ 路生梅(左二)在佳县佳州街道凌云社区义诊时,8岁的小病患亲密拥抱她

"这里的人民需要。"这就是路生梅扎根陕北最为朴素的理由。当初路生梅有几次很好的机会离开佳县,但她最后却毅然放弃大城市,选择了留下。因为她深知这里的孩子和群众需要她,她哪里也不去。如今,退休之后的路生梅更是情系群众,心系国家。新冠肺炎疫情防控期间,她向所在党支部递交了一份"请战书",并向党组织交了1万元的特殊党费用于抗击疫情。

"只要国家需要,无论奔赴哪里,无论生死,我都要参加,因为肩上有责任，心底有使命，因为我是中国医生。不要嫌我老，我愿把生命留给患者，留给年轻的同行们。"

50余年来，没有惊天动地的丰功伟绩，她只是尽了一个医生的责任，更是信守了一个共产党员的承诺。

"作为党员，为党工作没有退休年龄，作为医生，治病救人没有退休年龄。我会继续在佳县干下去……"路生梅说。

《中国妇女报》2021年8月18日

一诺五十年　扎根为人民

◎ 张家祯

这是一个致敬医务工作者的节日。

2021年8月19日是第四个"中国医师节"。在这个特殊的日子，中共中央宣传部、国家卫生健康委联合发布2021年"最美医生"先进事迹。陕西省榆林市佳县人民医院原副院长路生梅光荣入选。

这是一个和承诺有关的故事。

1968年，24岁的北京姑娘路生梅大学毕业后被分配到陕西省榆林市佳县人民医院。一句"为陕北佳县人民健康服务50年"的承诺，让她从此扎根黄土高原，从韶华到白头。

"我是祖国培养的。祖国哪里需要我，我就到哪里去。"那一年，路生梅接到通知，得知自己被分配到条件艰苦、医疗资源短缺的西部县城后，便踏上了西行的列车。一声声汽笛长鸣，将她带到黄土高原深处的陕北小城——佳县。

回忆起那时县医院的环境，路生梅记忆犹新：两孔破旧的窑洞，坐落在散落着坟头的荒野中。在这里，喝的是每人每天只给一瓢的黄河水，睡的是冰冷的土炕，平时还要忍受虱虫叮咬。

路生梅不在乎生活上的艰苦，她揪心的，是当地群众医疗常识的匮乏。到佳县工作不久，她出诊救助一位难产妇女。当急匆匆赶到时，眼前的一幕让她惊呆了——一位老婆婆正准备用一把家用剪刀来剪脐带。路生梅一把抢过剪刀，告诉老婆婆，如果用不干净的剪刀剪了脐带，破伤风杆菌就会顺着脐血进入小孩的体内，危及新生儿的生命……

见证了落后的医疗条件导致孕产妇和新生儿死亡率居高不下的种种现实情况，路生梅下定决心要改变这样落后的医疗条件和观念。

"为党工作50年，为佳县人民服务50年！"这是她身为一名共产党员的郑重承诺，也是身为一名医护人员的坚定决心。

"有没有想过离开佳县？"

◆ 路生梅在去为患者义诊的路上

"我属于佳县,这里有我的承诺。"面对亲朋好友的邀请,路生梅一一婉拒,更加坚定地留在了佳县,更专注于提升当地的医疗水平。

1981年,时隔13年后,路生梅回到阔别已久的北京,但她不是离开佳县,而是到北京协和医院进修。学成后的路生梅回到佳县,有了更大的用武之地。

为挽救更多小生命,她着手创建独立的儿科。1983年,佳县人民医院首设小儿科,路生梅出任首任主任。为提高护理质量,路生梅四处筹资,让科室所有护士分批进修,提升护理技术。路生梅将从外地学到的先进管理经验运用到工作中,将大查房、疑难病例讨论、死亡病例讨论、各科室会诊等制度在科室里开展之后,又在全院推广。很快,佳县的儿科专业水平便在陕北名列前茅。

当地人都说:"佳县城一大半的人都找路大夫看过病。"路生梅也曾无比感慨地说:"在佳县,一家四代人经我医治的,比比皆是。走在佳县的街道上,有人叫我'路姐',有人叫我'路姨',还有人叫我'路奶奶'。"

1999年,操劳半生的路生梅退休了。退休非但没有让路生梅止步,还成了她的一个新的开始。那时候,面对西安、榆林几家大医院提出的高薪返聘,她都一一谢绝了,选择在佳县的家里义诊。2019年,75岁的路生梅接受邀请,回到曾经工作过的佳县人民医院,开始每周义务坐诊。"现在我还在坚持每周义务坐诊。我这一辈子也就做了这么一件事,就是为佳县的老百姓看病。"路生梅说。

2020年新冠肺炎疫情发生后,76岁高龄的路生梅主动请战驰援抗击新冠肺炎疫情一线,并向党组织递交了1万元特殊党费。她的事迹被媒体报道后,引发了大量点赞和转载,也激励了更多医生主动请缨。

一路走来,路生梅先后获得"中国好人""三秦楷模""全国优秀共产党员"等荣誉称号。这一次,当得知自己荣获"最美医生"称号,路生梅很平静:"我觉得这是我应该做的。作为一个党员,作为一名医生,我永远没有退休年龄。"但当路生梅看到女儿朋友圈发出的"她是全国最美医生,也是我最美的妈妈"时,却忍不住激动地说:"在医疗工作中,每一次我都是先抢救病人,对家人孩子有很多亏欠。孩子能够理解我,让我很欣慰。"

虽然50年的承诺时限已满,但路生梅的承诺仍然有效。"我就是一只拴着线的风筝,无论走到哪,只要病人一拉线,我就会尽快地回到他们身边。"路生梅说。

《陕西日报》2021年8月20日

最美医生 2021
ZUIMEI YISHENG

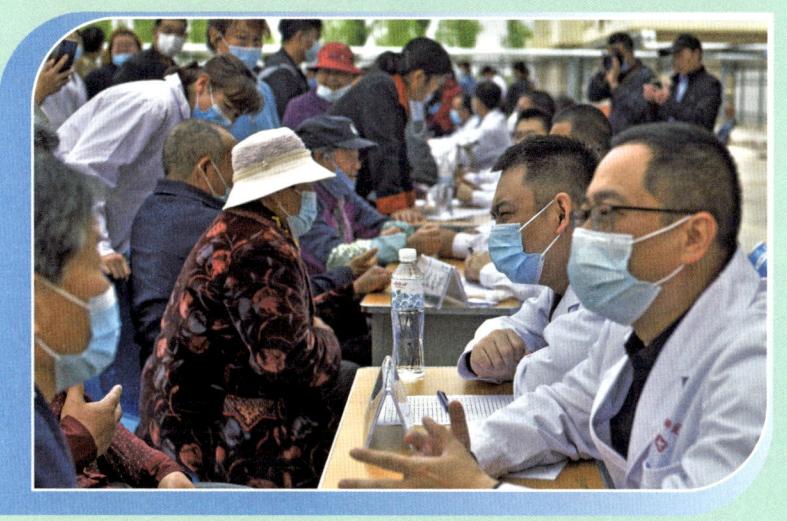

医疗人才"组团式"援疆团队

千里援疆仁心护——
医疗对口援疆结出硕果累累

◎许 晟 于 涛 阿 曼

曾经的新疆深度贫困地区缺医少药,医疗水平低,医疗资源严重不足。一批批援疆医生的到来,彻底改变了当地落后的医疗面貌。近期,记者在南疆多地走访,看到了当地医疗的跨越发展。

"新生":来自南疆的喜讯

遇见安瓦尔·那扎热力时,他正在喀什地区塔什库尔干塔吉克自治县人民医院换石膏。因为先天性双足马蹄内翻,两岁半的安瓦尔两个月前接受了援疆医生的手术,这是他术后第一次换石膏。

"双脚恢复都不错,这次再打一个半月的石膏,就可以考虑换功能鞋了。"塔县人民医院援疆医生刘超说,持续穿上几年功能鞋后,安瓦尔将和正常人一样跑跳。

若是没有援疆医生,深居在帕米尔高原的安瓦尔或许是另一番命运。

前几年，因为县乡医疗水平不够，安瓦尔刚出生不久被误诊为脑瘫，错过了治疗的最佳时机。2018年才脱贫的一家子，也没有能力到更远的地方给孩子治病。

2021年年初，塔县人民医院院长、援疆医生陈绍喜带队来到安瓦尔所在的库克西鲁克乡送医。他发现安瓦尔智力发育良好，只是足部先天畸形。

随后，陈绍喜组织多地专家远程会诊，并邀请专家从其他省份来到塔县，为安瓦尔成功实施手术，帮助他像正常人一样站了起来。

"以后我要让孩子好好学习，上大学，成为对社会有用的人。"安瓦尔的父亲那扎热力·库来克看了看身边的孩子说，这些以前都不敢想。

有些患者因此可以像正常人一样行走，更有一些患者因此获得"新生"。

家住喀什、36岁的马女士2020年怀上二胎，因为凶险性前置胎盘、孕期出血等多种情况，多次住院保胎，生产完之后直接推进了重症监护室。

好在过程曲折，结局美好。如今，她儿女双全，大人小孩身体都不错。"若没有援疆医生，喀什的医院不敢收我这样的重症患者。"她说，当时那情况，要转去乌鲁木齐估计就是九死一生。

援疆医生为新疆百姓带来了家门口的健康保障。数据显示，仅2016年至2018年，新疆各受援医院急危重症抢救成功率上升至94.3%。

选择：有生之年来援疆

"这是我第三次申请援疆，直到这次，组织上才同意我来。"陈绍喜来塔县前是香港大学深圳医院的一名急诊科医生。他说，有生之年能来援疆非常自豪。

"当时只考虑了两分钟就决定来援疆了。"从上海交大新华医院来的援疆医生周赟说，来了后发现这里硬件并不差，差距在软件和技术上，目前他已经延长了援疆时间，"因为还有些项目没完成"。

据统计，仅2016年至2018年，便有7个援疆省份62家医院先后派出506名医疗援疆干部人才入疆开展工作。一批批援疆医生的到来，有效缓解了基层群众看病远、看病贵、看病难等问题。

"以前塔县人民医院的门诊量很少，但2020年已经达到12万人次左右。"陈绍喜说，以前塔县连阑尾炎手术也做不了，现在塔县已经做到了小病不出县。急诊科、重症科等科室也实现了从无到有。

引进人才、技术固然重要，整体上提升当地医院的服务水平，先进的管理理念也不可或缺。

麻日虎来自深圳市龙岗区人民医院，现在担任喀什市人民医院院长。"作为院长，我不仅要给这里带来技术，还要引进先进的管理。有了先进的管理理念，这里的医院才能发展得更好。"他说，"选择来援疆，也是不忘初心。"

在麻日虎的带领下，近半年喀什市人民医院已经实施近60项制度改革，真正实现以制度管人。

"以前很多人觉得患者来医院是有求于医院，现在我们每周都在会上提'要以患者为中心',医院的理念正在发生变化。"麻日虎说,如今,医院运行变得更加规范化、现代化,患者对医院服务的满意度明显提升。

传承:留下"带不走"的队伍

在援疆医生的帮带下,喀什地区第二人民医院中医科主治医师钟玲,已经能在中草药治疗方面独当一面了。

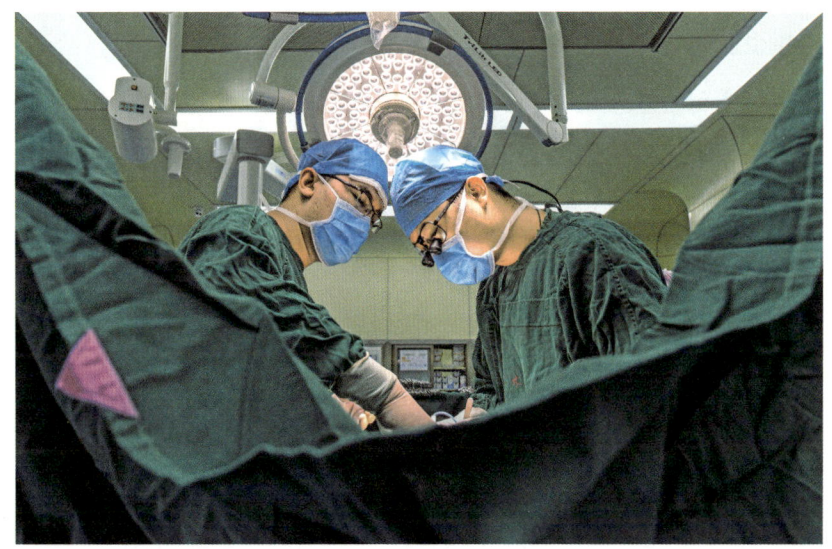

◆ 在喀什地区第二人民医院手术室,上海援疆医生和当地医生合力为患者做手术

"以前喀什二院的中医科只会针灸、推拿,中草药方面非常薄弱,几乎是零基础。"钟玲说,是上海来的陈麒老师手把手地教,才把喀什二院中草药治疗带起来了。

"我会带他们出门诊,从询问病史、查看脉象到开药,都让他们在边上跟着学。"来自上海中医药大学附属曙光医院的援疆医生陈麒说，人可以走，但技术要留下来。

留下一支带不走的队伍，是援疆干部们的共同期望。除了手把手地传帮带，援疆医疗队还创造条件"引进来、走出去"。一方面帮助当地医生去其他省份脱产学习，另一方面积极创造条件引进专家举行培训、讲座等。

"每年我们都会投入90万元左右，举办各种深（深圳）塔（塔县）医疗卫生交流项目。"陈绍喜说，2020年塔县人民医院组织了两批共30人次的医生去其他省份交流学习，2021年赴其他省份学习的医生也已经启程。

随着医疗水平的不断提高，新疆本地医生也希望把学到的东西接力传承下去。

"当地老百姓对中医越来越信任，病人也越来越多，不管是中草药治疗，还是针灸、理疗，我们都不会丢，不能让这些技术半途而废。"钟玲说。

新华社乌鲁木齐2021年10月3日电

杏林春满暖天山

——医疗人才"组团式"援疆工作纪实

◎ 辛组轩

对口援疆是党中央作出的重大部署,是实现新疆社会稳定与长治久安总目标的重要举措。作为一项民生工程、民心工程,医疗人才"组团式"援疆是提升对口援疆综合效益的重要举措。5年来,7个援疆省市累计选派医疗人才864人次,开展新技术新项目1319项,填补当地空白640项,培训当地医疗人才14.5万人次,为新疆医疗卫生事业注入了强劲动力。新疆各族群众"大病不出自治区,常见病、多发病在市县就地解决"的目标正在逐步实现。

在塔克拉玛干沙漠边缘,新疆喀什地区群众有句常常挂在嘴边的话:"看病不用到乌鲁木齐,广东的专家亚克西(好、棒)!"

在被称为"万山之州"的新疆克孜勒苏柯尔克孜自治州(以下简称"克州"),各族群众正在通过"挂号在克州、看病在江苏",享受江苏专家的医疗服务⋯⋯

天山南北各族干部群众见证着当地医疗水平日新月异的变化。

2015年，第五次全国对口支援新疆工作会议要求，对医院探索建立"组团式"支援模式。在中央组织部、人力资源和社会保障部、国家卫生健康委员会等部委的指导推动下，2016年起，上海市、天津市、广东省、江苏省、浙江省、辽宁省、湖南省7个援疆省市62家省级三甲医院，"组团式"支援以南疆四地州为主的8家受援医院，累计选派医疗人才864人次，安排援疆资金6.82亿元，受援医院全部创建为三级甲等医院，医院管理、医疗服务水平和人才培养等各个方面均取得显著成效，"大病不出自治区，常见病、多发病在市县就地解决"的目标正在逐步实现。

"从近5年的探索实践来看，医疗人才'组团式'援疆工作帮助新疆解决了自身想解决而没有解决的问题，办成了长期想办而没有办成的大事，为新疆医疗卫生事业注入了强劲动力，取得了显著成效。"新疆维吾尔自治区党委常委、组织部部长李邑飞说。

精准组团选派
推动医院医疗、管理能力双提升

"多亏了这些援疆专家，把孩子从黑暗中救了出来。"近日，在和田地区人民医院眼科，患者艾比布拉的父母感激地说。

艾比布拉患有严重的先天性白内障，几近失明。2020年，在援疆专家的帮助下，他先后在和田、天津完成多次手术，终于痊愈。从黑暗中走出来的艾比布拉显得格外活泼，已经顺利进入幼儿园正常生活学习。

在和田地区，白内障属于高发病，但当地唯一的三甲医院——

和田地区人民医院却没有眼科。在天津市医疗人才"组团式"援疆团队支援下，2017年12月，和田地区人民医院成立了眼科，并与天津市眼科医院结成"津和眼科专科联盟"，为当地白内障患者带来了光明。

从"零星选派"到"组团选派"，从"单兵作战"到"集体作战"，各援疆省市落实"以院包科"机制，集中全省优势医疗资源支援一家医院，由一家优势医院带动一个科室发展，选派更加精准、工作更加有力、成效更加明显。当前，8家受援医院学科建设飞速发展，一批特色专科和医疗中心也相继建成。

吐鲁番地区是甲状腺疾病的高发区，过去大部分患者都选择到乌鲁木齐市看病，不仅来回奔波，还增加了治疗费用。在湖南省医疗队的支援下，吐鲁番市人民医院挂牌成立东疆甲状腺疾病诊治中心，为甲状腺疾病患者提供"一站式、高质量、全方位"诊疗服务。家住吐鲁番市高昌区胜金乡的古力加那提，终于不再为来回路途的奔波而发愁了，"诊治中心的医疗条件、医护服务都很好，离家近，在这里看病，特别方便。"

2021年5月，新疆维吾尔自治区人民政府与中山大学签署合作协议，依托中山大学及其附属医院优质医疗资源，计划用5—10年的时间把喀什地区第一人民医院建成"立足南疆、面向全区、辐射中亚"的国家区域医疗中心，带动南疆地区传染病等重大疾病诊疗水平提升。

为更好发挥"组团"作用，一些援疆省市积极探索灵活多样的"组团"形式。浙江省将分布在地区、县市医院的援疆医生"再组团"，建立起19个专科联盟，有效促进了医疗资源共享。广东省成立援疆医师工作委员会，搭建历届援疆医疗人才资源共享平台，一些已经回到广东的援疆医生主动要求加入，继续为新疆患者服务。

5年来，各医疗人才"组团式"援疆团队开展新技术新项目1319项，填补当地空白640项。8家受援医院门诊量、住院量、手术量分别增长19.1%、22.9%、50.2%。目前已有332种急危重症不出自治区，1914种重症不出地州市，日常疾病在县域内就能得到及时治疗，受援地各族群众路少跑了、罪少受了、钱少花了，获得感、幸福感、安全感明显提升。

师徒结对帮带
留下一支"带不走"的医疗人才队伍

"以前我只会处理普通病症，现在我可以主刀完成先天性心脏病手术。"克州人民医院心胸外科主任卡德尔江·木沙自豪地说。

授之以鱼不如授之以渔。通过传帮带提升当地医护人员能力水平，留下一支"带不走"的医疗人才队伍，是从根本上解决制约当地医疗卫生事业发展瓶颈问题的长久之计。

卡德尔江·木沙先后和苏州大学附属第一医院专家华菲、叶文学，江苏省人民医院专家刘翔结成师徒对子，在援疆专家的持续帮带下，业务能力迅速提升。如今，他已经能够独立开展心胸外科、胸腔镜普胸和先天性心脏病手术，并成长为医院的心胸外科主任。心血管内科许天宝医生在援疆专家的帮带下，成功开展复杂冠脉手术，并在全国心血管介入专业年会上获得技术比武二等奖。

◆ 在新疆喀什地区泽普县波斯喀木乡卫生院，医务人员通过远程医疗系统开展定期培训

与卡德尔江·木沙一样，喀什地区第二人民医院口腔科主治医师阿地力江·依米提也在上海援疆专家的帮助下快速成长。上海市医疗队以自治区重点专科建设为抓手，制定导师带教制度，为医院临床科室培养近50名医教研综合性人才，阿地力江·依米提就是其中一位。"在上海援疆专家的援助下，我们医院成立了南疆第一个口腔种植修复专科，我现在可以独立操作完成种植牙手术。"阿地力江·依米提说。

在和田地区人民医院临检中心，身为首席专家的杨军负责帮带4个徒弟。检验科医生古丽娜尔·阿不拉在"天津师傅"杨军的悉心指导下，实现科研突破，申报了自治区重点课题，并成为首批送去天津培养的本地博士。

在上海市医疗队的协调下，复旦大学为喀什地区第二人民医院委托培养在职研究生，已有49人完成学业，成为受援医院的医疗骨干。

广东省医疗队在喀什地区第一人民医院积极搭建科研平台，建成南疆首个医学博士后工作站，设立粤喀科研沙龙、专家工作室，为科研人才培养和发挥作用搭建了优质平台，实现了以专科获项目、以项目育人才、以人才强科研、以科研带专科的良性循环。

5年来，各医疗人才"组团式"援疆团队坚持授之以渔，通过"团队带团队""专家带骨干"，累计"师带徒"1900余人次，指导发表论文5000余篇。通过"请进来"方式邀请后方专家来疆讲学累计2098场次；通过"送出去"方式选派到后方医院进修学习1419人次；开办培训班2953场次，培训本地医疗人才14.5万人次，有效提升了受援地医疗人员能力素质和技术水平。

优势资源下沉
送诊下乡辐射带动惠民生

没有全民健康，就没有全面小康。各医疗人才"组团式"援疆团队在帮助受援医院的同时，不断推进优势医疗资源下沉基层，辐射带动基层医院医疗水平整体提升。

上海市援疆专家定期带领喀什地区第二人民医院科室团队，赴叶城县、泽普县、巴楚县和莎车县人民医院开展适宜技术推广活动，将简单、便捷、高效、经济且适合于基层医疗机构开展的"脐带延迟结扎""早产儿规范诊治"等技术向基层推广，不仅规范了基层医疗机构诊疗行为，而且减轻了群众的医疗负担。

依托"浙阿跨省医联体"，浙江省医疗队搭建起"7-1-9-N-X"

五级联动的信息化远程医疗平台。平台将浙江省7家医院的优质医疗资源引入阿克苏地区第一人民医院,并辐射阿克苏地区各县市医院和乡镇卫生院、村卫生室,推动重大疾病及时诊断、就近治疗,进一步提升县乡医疗水平。5年来,阿克苏地区第一人民医院已开展远程医疗2万余例,目前每周达120例。

江苏省医疗队帮助克州人民医院建成自治区首批互联网医院,通过"互联网+医疗"服务辐射带动县级医院水平提升,实现地级医院"大组团"带动县级医院"小组团"。

各受援医院充分发挥区域医疗中心作用,与38所县(市、区)医院组建医疗共同体,组织开展远程诊疗5.8万人次,远程培训5300余场次,强力带动基层医院综合诊疗实力、人才队伍建设、科学管理水平全面系统提升,推动受援地医疗卫生事业快速发展。

"感谢你们乘车200多公里来到麦盖提县为我们义诊,为我们答疑解惑,免去了远途奔波大医院就诊的费用。广东大专家亚克西!"前来咨询骨科和妇科问题的阿孜古紧紧握着援疆医生的手,久久不愿松开。这是广东省医疗人才"组团式"援疆团队在"我为群众办实事"基层义诊活动现场的一幕。

各医疗人才"组团式"援疆团队带着资源、带着感情、带着责任,深入基层、深入群众,累计帮助2000余名地方病患者申请实施"润心计划""结石宝宝"等免费救治项目,上门开展义诊活动2713场次,免费送医送药,受益群众20余万人次,用实际行动把报国志、援疆情、爱民心镌刻在新疆大地上。

"近期,我们正在开展'援疆情·边疆行'巡边义诊办实事活动,组织援疆医疗专家深入边境村、边防哨所、基层卫生室,开展集中义诊、宣讲健康知识、帮带提升技术、接受红色教育，切实把党史学习教育的成果转化为'我为群众办实事'的成效。"新疆维吾尔自治区党委组织部副部长、第十批援疆干部人才总领队李术峰说。

2020年新冠肺炎疫情发生后，各医疗人才"组团式"援疆团队坚持疫情就是命令、防控就是责任，积极协调防疫物资，指导受援医院核酸检测实验室建设、发热门诊及隔离病房管理防护，协调后方疾控专家柔性支援，昼夜奔波于定点医院救治患者，彰显了援疆干部人才的责任担当和对新疆各族人民的深厚情谊。江苏省援克州医疗队组成专家组深入边境口岸、海关边检、发热门诊等重点区域指导防控、评估诊断，协调后方疾控专家将核酸检测能力提升10倍，为打赢疫情阻击战作出突出贡献。

5年来，从帕米尔高原到准噶尔盆地，从塔里木河畔到阿尔泰山脚下，援疆医疗人才与受援地各族群众守望相助、血浓于水的感人故事口口相传，医疗人才如一缕阳光，照耀天山南北，洒满温暖和希望。

《中国人事组织报》2021年7月2日

从"输血式"向"造血式"支援转变 留下"带不走"的医疗队

2016年,中共中央组织部、国家卫生健康委等部委联合下发文件,决定在新疆维吾尔自治区及新疆生产建设兵团开展医疗人才

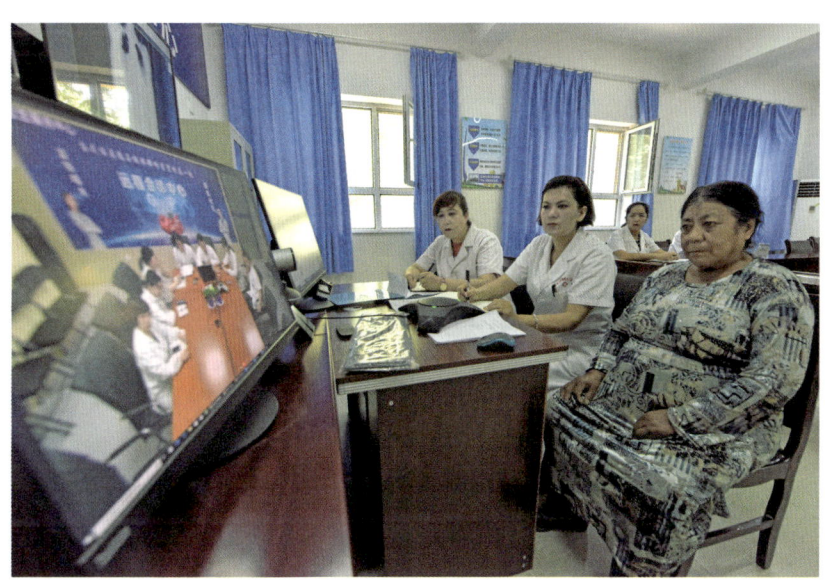

◆ 在新疆喀什地区泽普县波斯喀木乡卫生院,医务人员通过远程医疗系统为患者会诊

"组团式"援疆工作。天津、辽宁、上海、江苏、浙江、湖南、广东 7 个援疆省市的 62 家省级三甲医院"组团式"支援南疆四地州、塔城地区、吐鲁番市和兵团第一师的 8 家受援医院。

5 年来,"组团式"援疆累计选派医疗人才 864 人次,安排援疆资金 6.82 亿元,受援医院全部创建为三级甲等医院。医疗人才"组团式"援疆团队开展新技术新项目 1319 项,填补当地空白 640 项。目前已有 332 种急危重症不出新疆,1914 种重症不出地州市,日常疾病在县域内就能得到及时治疗,让受援地各族群众少跑路、少受罪、少花钱,获得感、幸福感、安全感明显增强。与此同时,医疗人才"组团式"援疆团队坚持授之以渔,通过"专家带骨干""团队带团队",累计"师带徒"1900 余人次,开办培训班 2953 场次,培训本地医疗人才 14.5 万人次,有效提升了受援地医疗人员能力素质和技术水平。

如今,新疆医疗卫生服务体系日益健全,公共卫生服务均等化水平和卫生健康服务的可及性、公平性以及质量、效率明显提高,基层基础设施条件和诊疗服务环境持续改善。

《中国健康观察》2021 年第 9 期

最美医生 2021
ZUIMEI YISHENG

特别致敬：赵振东

"科学探索必须有一股钻研到底的精神"

◎ 白剑峰

在抗击新冠肺炎疫情期间,他连续作战200多天,积劳成疾,不幸离世。

他叫赵振东,生前任国务院联防联控机制科研攻关组疫苗研发专班技术组组长、中国医学科学院病原生物学研究所研究员,被誉为"新冠疫苗守护者"。

2020年9月16日晚上8时,赵振东从长沙参加完学术会议返京,摔倒在首都机场T3航站楼出口处……此前一天,他还在武汉参加新冠灭活疫苗生产车间生物安全联合检查。9月17日凌晨,他悄然离世,年仅53岁。

"再难我也要上"

面对突如其来的新冠肺炎疫情,赵振东立刻投入疫苗、抗体等疫情防控急需的应用基础研究中。他牵头主持北京市科委新型冠状病毒感染肺炎防治等应急科技支撑重点项目，完成抗新冠病毒药物筛选工作；构建了新冠病毒复制子评价平台体系，为推进我国疫苗研发和紧急使用做了大量基础工作。

2020年2月15日，国务院联防联控机制科研攻关组疫苗研发专班工作组组长、国家卫生健康委医药卫生科技发展研究中心主任郑忠伟找到赵振东，说需要一位懂疫苗研发的科学家担任疫苗研发专班技术组组长，但不能直接参与疫苗攻关，只能帮5条技术路线的12个研发单位出主意、想办法，把自己的想法无偿分享给大家，解决研发中出现的各种难题。

"再难我也要上！"两天后，赵振东放下手头工作，担任专班技术组组长。他说："现在就是打仗，要和时间赛跑。"在长达半年的时间里，他从未歇过一天，白天黑夜连轴转，从来没有一句怨言。

疫苗研发专班成立之初，赵振东与相关工作人员密集调研，两天时间就走访了北京科兴、中科院微生物所、中国生物等在京新冠疫苗研发单位，提出多项重要建议，解决了研发中的困难。他还总结新冠病毒载体疫苗、核酸疫苗、抗体等研究进展，深入分析国内外不同疫苗研发技术路线的优劣势，积极为我国新冠疫苗科研攻关建言献策。

在争分夺秒当好疫苗研发助手的同时，赵振东全身心投入《疫苗生产车间生物安全通用要求》编制工作；同时，他还完成了国药北京公司、武汉公司以及科兴公司的生物安全联合评估。其中，对接种瓶进行螺旋式改良、对反应罐连接器进行标识等建议已被企业采纳，帮助企业明晰操作技术规范，为新冠疫苗的生产发挥了重要作用。

"这也是一种新的疫苗研发思路和工艺"

"他是为科研而生的,热爱科研到了痴迷的地步。他一直活在他的世界里,这个世界就是感染免疫学研究。"赵振东的妻子王斌说。

王斌时任国家卫生健康委疾病预防控制局监察专员。她说,很多人觉得科研枯燥无聊,但赵振东坐在沙发上看文献、改论文,三四个小时一动都不动。家里到处都堆着文献,沙发、床头甚至卫生间里到处都是。解决科研难题的快乐和取得实验进展的欣喜,总是吸引着他不断探索……

"我们家离赵振东的单位很远,一天来回4个小时,他却很少喊累。他抓紧在地铁上的时间看文献。"王斌说,这个习惯让他掌握了国际上大量前沿科技和最新成果。

赵振东是实验室里的"打更人"。为了加快实验进展,他总是第一个到实验室,最后一个离开。他的一名学生说:"我们实验取得的成果很有前瞻性,但是赵老师的要求更高,总想做得更多。"赵振东团队的一项研究成果是构建新冠病毒复制子体系,为抗病毒药物的筛选和评价提供了安全有效的工具。这意味着,以前必须在生物安全三级实验室做的实验,现在能在生物安全二级实验室开展,为针对新冠病毒的抗病毒药物研发提供了重要的实验体系和技术支撑。

在5条技术路线之外,赵振东还带领课题组开展了以新城疫病毒为载体的新冠疫苗及呼吸道病毒多价疫苗的研究。这种病毒载体疫苗可以通过滴鼻免疫后产生特异性中和抗体,让人体获得免疫保护作用。

特别致敬：赵振东

◆ 赵振东接待来病原所参观的德国外宾

在动物实验阶段时，赵振东下班回家后总跟团队打电话讨论问题。妻子劝他："国家有那么多疫苗研发的顶尖团队，你就别撞南墙了，即便做出来，转化及应用的难题怎么破解？"赵振东回应："这也是一种新的疫苗研发思路和工艺，这些基础工作会对未来应对新发生的传染病有帮助。"

"如果做科研的态度有问题，我绝不容忍"

赵振东淡泊名利，唯实求真，始终坚守科研一线。他在感染免疫领域独树一帜，研究成果连续发表在高水平专业杂志上。他曾获得教育部高等学校科学研究优秀成果奖，并多次在国际肝病和细胞自噬等国际会议上做报告。

中国医学科学院病原生物学研究所助理研究员王蓓回忆：赵振

东十几年如一日,永不停歇地阅读文献,永不疲倦地追求新知。王蓓说,赵振东几乎把所有时间都用在了科研上,乐在其中,不知疲倦。

"我们有一个实验室微信群,赵老师经常把他看到的文献分享给大家,让大家学习。在这个微信群里,我们也知道了赵老师的工作节奏:有时候会在深夜收到文献,有时候会在凌晨四五点收到文献……"王蓓回忆。

首都医科大学副教授王继说,赵振东一直强调科学研究要认真严谨。他对学生的专业基础和学术能力要求极高,每一个结论至少要重复5到10次实验才确认。

赵振东生前曾对学生们说:"我不会因为实验失败批评你们,因为科研就是探索的过程。但是,如果做科研的态度有问题,我绝不容忍。科学探索必须有一股钻研到底的精神,做一件事就要做到最好。我不在乎最后发一篇什么样的文章,我要的是你们在科学研究上坚持到底的精神。"

2020年11月30日,中国医学科学院北京协和医学院举行赵振东先进事迹报告会。中国工程院副院长、中国医学科学院北京协和医学院院校长王辰说,赵振东是一名不计个人名利、敢于提出不同见解、心无旁骛、具有学者风骨的科学家。从抗击非典、H1N1流感、埃博拉疫情,到抗击新冠肺炎疫情,他都冲在一线,值得广大科研工作者学习。

赵振东走了,他留下的不仅是科学研究成果,还有令人景仰的科学家精神……

《人民日报》2021年1月6日

生命永远定格在战疫一线

◎ 张亚雄

2020年9月17日，因持续工作、过度劳累突发心脏疾病，国务院联防联控机制科研攻关组疫苗研发专班技术支持小组组长、病原生物学和免疫学专家、中国医学科学院病原生物学研究所研究员赵振东倒在了出差返京途中，经抢救无效，不幸离世……就在去世前两天，53岁的赵振东还赶往武汉参与新冠灭活疫苗生产车间生物安全联合检查、赶赴长沙参加学术会议，他的生命永远定格在了战疫一线。

疫苗研发攻关的幕后英雄

1966年10月28日，赵振东出生在河北武邑。自参加工作后，已在科研一线从事科学研究和教学工作二十余载。

新冠肺炎疫情暴发后，作为我国病原生物学和感染免疫学领域专家，赵振东和无数同行一样，怀着满腔热情，想要在这场战斗中尽一份力。

"现在是打仗！我们研究传染病的科学家，怎么能不挺身而出？"2020年1月23日，已是腊月二十九，赵振东把刚放寒假的学生叫回实验室，全力投入新冠病毒抗病毒药物筛选、疫苗研发等工作。

2月15日，国家卫生健康委医药卫生科技发展研究中心主任、疫苗研发专班工作组组长郑忠伟找到赵振东，请他担任疫苗研发专班技术支持小组组长。

郑忠伟告诉赵振东，由于时间紧、任务重，疫苗研发专班技术支持小组组长的主要职责是帮5条技术路线的10余个研发单位出主意、想办法，把自己的点子无偿分享给大家，解决研发中出现的各种难题，但不能直接参与疫苗攻关。"技术支持小组组长既要水平高，又要甘做幕后英雄。我第一个想到的就是赵振东。"郑忠伟说。

没有丝毫犹豫，赵振东答应了下来。紧接着，他就和相关工作人员展开密集调研，用两天时间走访了北京科兴中维、中科院微生物所、中国生物、军事科学院军事医学研究院等在京新冠疫苗研发单位。

就这样，自2月起，作为疫苗研发攻关的幕后英雄，赵振东带领自己的团队一直坚守在科研攻关的第一线，在疫苗研发一线连续作战200多天，为相关部门和科研机构提供技术支持。

中国医学科学院病原生物学研究所副所长刘海鹰说，疫苗研发专班成立之初，赵振东和团队就围绕灭活疫苗的毒种选择、重组蛋白疫苗的抗原均一性、疫苗ADE效应、动物有效性和安全性实验安排，以及实验室疫苗和生产疫苗在审评审批过程中的区别、体液免疫应答等问题，向研发单位提出多项重要建议，切实解决了研发中的困难，为我国新冠疫苗科研攻关的顺利进行作出了重要贡献。

"为科研而生的普通人"

"他热爱科研到了痴迷的地步,他生活在他的世界里,而这个世界就是感染免疫学研究。"赵振东的妻子王斌说。作为国家卫生健康委疾病预防控制局监察专员,抗疫期间,王斌和丈夫赵振东并肩战斗,举小家之力为疫情防控这个大局贡献着力量。

在王斌眼里,赵振东是一个为科研而生的普通人:作为实验室"打更人",经常5点醒来转发最新文献给实验室成员与学生;拉着家人试讲几小时的新课;往返于回龙观的家和亦庄实验室的4小时里,换乘3次地铁,根据不同的乘车时长集中阅读相应长度的科学文献;与病人保持联系十几年,尽自己所能在就医、治疗上给予指导……

提供技术支持时,赵振东下班回家后总会跟团队继续研讨技术问题。王斌曾劝赵振东:"国家有那么多疫苗研发的顶尖团队,你就别撞南墙了,即便做出来,转化及应用的难题怎么破解?"赵振东说:"这也是一种新的疫苗研发思路和工艺,这些基础工作会对未来应对新发生的传染病有帮助。"

赵振东的学生、病原所助理研究员王蓓回忆,赵老师是不可多得的严师,十几年如一日,永不停歇地阅读文献、永不停歇地学习,始终追踪最前沿的科学研究。王蓓说,赵振东总是用"毛竹精神"、拿"一万小时定律"激励学生,以永不轻言放弃的科研精神带领同学们坚定地走在科研的道路上。

"赵老师会为一个实验结果跟人争得面红耳赤,但转头就又有说有笑。"同事任丽丽与赵振东相识多年,在她看来,赵振东是一个非常纯粹的人。

"赵老师一直强调'科学研究就是求真求实,必须要认真严谨,不可有半点马虎',要求每一个结论都要重复至少5到10次实验才可确认。"赵振东的博士后、首都医科大学副教授王继说,"也正是因为他宽严相济,以身作则,对学生专业基础和学术能力的高要求,大家才能在科研工作中行稳致远。"

"为什么没能早点提醒他注意身体发出的信号?如果能拉他出去多放松,或者简单粗暴地让他放下手里的文献,好好休息,是不是结果就会不一样?"忆及过往,妻子王斌自责不已。

在赵振东常发文献的实验室微信群里,最后分享的文献定格在了2020年9月16日的17时36分,此时距离他倒下,只有不到3个小时的时间,而这也是他给学生的最后"留言"。

◆ 赵振东与学生在实验室合影

特别致敬：赵振东

"他的品格值得业界和全社会珍视"

"他是一个平凡的人，但一直在做着不平凡的事。"这是赵振东身边的人对赵振东平凡而又伟大的一生的一致评价。

"表率、敬业、动脑、勤奋，这8个字，是赵振东同志的真实写照。"中国医学科学院病原生物学研究所所长金奇追忆了同事赵振东的感人故事：在采集H7N9病毒样本、脊髓灰质炎病毒样本和埃博拉病毒样本等多次重大突发传染病疫情期间总是第一个挺身而出；在承担重大医疗任务期间连续工作72个小时黑白无休；抓住每天通勤时间坚持研读文献……"点点滴滴折射着赵振东同志的诸多优秀品质。"金奇说。

"赵振东同志潜心科研，是一名率真的学者，一名不计个人名利、敢于提出不同见解、心无旁骛、具有学者风骨的科学家。"中国医学科学院北京协和医学院院校长王辰院士说，赵振东教授在世的时候，很平凡，但当国家最需要他的时候，他可以毫无功利、目的，实实在在地付出、超常地付出，以至于积劳成疾，身体不堪重负而倒下。"论舍生取义者，赵振东是也。"

王辰表示，要纪念赵振东教授，就要特别懂得他是怎样的一个人，这是对他最好的怀念。"赵振东在平凡的人生和平凡的事业中拥有不平凡的品格，这种舍生取义的品格正是对百年协和精神的传承，应当为院校、业界的更多科研工作者、学者仿效，值得全社会珍视。"

《光明日报》2021年1月7日

赵振东：疫苗研发的幕后英雄

◎ 吴佳佳

随着新冠疫苗获批上市，我们常常想起那些为了疫苗研发而付出努力的人们。在这些人中，有一个不能忘记的名字——赵振东。

因持续工作、过度劳累，病原生物学和免疫学专家、中国医学科学院病原生物学研究所研究员赵振东于2020年9月17日不幸逝世，享年53岁。

去世前，他已在疫苗研发一线连续作战200多天。去世前一天，他刚在武汉参与新冠灭活疫苗生产车间生物安全联合检查任务，然后又赴长沙参加学术会议。途中，他突发疾病倒了下去……

甘当幕后英雄

2020年2月15日，国家卫生健康委医药卫生科技发展研究中心主任、疫苗研发专班工作组组长郑忠伟找到赵振东。当时，国家急需一位懂疫苗研发的科学家担任疫苗研发专班技术支持小组组长，但其不能直接参与疫苗攻关，只是帮 5 条技术路线的 10 余个研发单位出主意、想办法，把点子无偿分享给大家，解决研发中出现的各种难题。

为新冠疫苗研发提供重要支持却只能成为幕后英雄，赵振东仍毫不迟疑地答应了。

疫苗研发专班成立之初，赵振东与相关工作人员密集调研，围绕灭活疫苗的毒种选择、重组蛋白疫苗的抗原均一性、疫苗 ADE 效应、动物有效性和安全性实验安排等问题，向研发单位提出多项重要建议，切实解决了研发中的困难。

赵振东还总结了相关研究进展，深入分析国内外不同疫苗研发技术路线的优劣，积极为疫苗攻关建言献策，参与起草了五部门《疫苗生产车间生物安全通用要求》，完成了国药北京公司、武汉公司以及科兴公司的生物安全联合评估……

热爱科学艰苦攻关

在赵振东常发文献的实验室微信群里，他最后一次分享文献是在 2020 年 9 月 16 日 17 时 36 分……这是他给学生们的最后"留言"。

"他热爱科研到了痴迷的地步，他生活在自己的世界里，这个世界就是感染免疫学研究。"赵振东的妻子王斌说。赵振东经常早上 5 点醒来就转发最新文献给实验室成员与学生；拉着家人试讲几小时的新课；与患者保持联系十几年，尽自己所能在患者就医、治疗上给予帮助。

在赵振东的学生、病原所助理研究员王蓓心目中，赵老师是不可多得的严师。"赵老师曾说，余生只有两个追求，一是多培养几个年轻人,二是用毕生所学真正为医学事业作点贡献。"

王蓓说,春节前两天,赵老师接到北京市科委新型冠状病毒抗病毒药物筛选任务,刚刚放假的他们被赵老师一个电话叫回实验室。"赵老师说,你们要明白,现在是要打仗,和时间赛跑。"

"那段时间,好几次我都累得想哭。而赵老师除了实验室的工作,还参与国务院联防联控机制科研攻关组疫苗研发专班的工作,白天晚上连轴转,从没喊过一句累。他总说,进度可以再快点。"王蓓回忆道。

弥足珍贵的精神财富

病原生物学研究所所长金奇用"表率、敬业、动脑、勤奋"8个字来形容与他共事十几年的老同事赵振东。

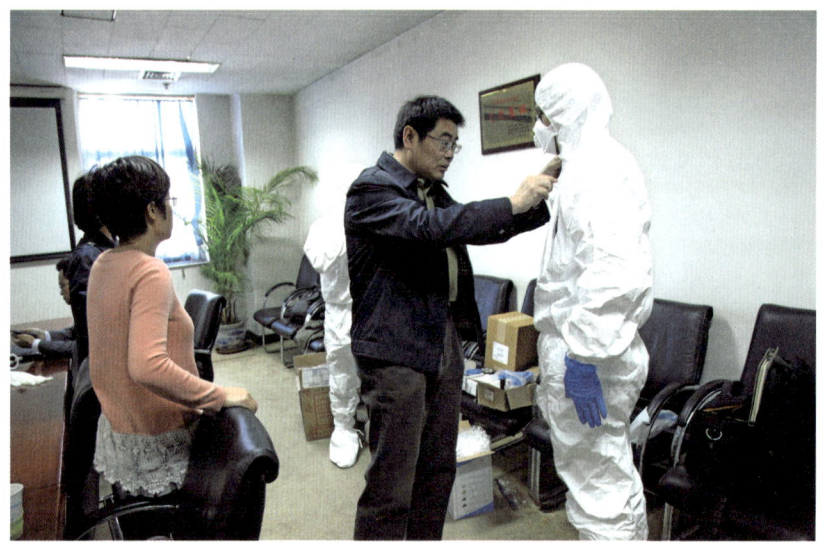

◆ 赵振东为第二批赴西非人员培训检查防护服

"因为一个人,感动一个集体。"在病原生物学研究所副所长刘海鹰看来,赵振东留给大家的是一个孜孜以求、不忘初心的科研攻关者形象,留给病原所和医科院的是一份弥足珍贵的精神财富。

"从非典、H1N1流感,到援助非洲埃博拉疫情,再到新冠肺炎疫情防控与疫苗研发,直至逝世,赵振东都冲在一线。"在中国医学科学院北京协和医学院前些天举行的赵振东先进事迹报告会上,中国医学科学院北京协和医学院院校长王辰院士这样评价赵振东:"他是一名率真的学者,也是一名不计个人名利、敢于提出不同见解、心无旁骛、具有学者风骨的科学家。"

《经济日报》2021 年 1 月 7 日

最美医生 2021
ZUIMEI YISHENG

视频·链接

谱写护佑人民健康新篇章——致敬2021年"最美医生"

◎ 白剑峰　杨彦帆

2021年8月19日是第四个"中国医师节",主题是"百年华诞同筑梦,医者担当践初心"。

大医精诚,仁心仁术。无论是在新冠肺炎疫情防控中,还是在日常诊疗活动中,广大医疗卫生工作者始终坚持人民至上、生命至上,同时间赛跑,与病魔较量,筑起护佑人民健康的钢铁长城,用实际行动践行了"敬佑生命、救死扶伤、甘于奉献、大爱无疆"的新时代医疗卫生职业精神,谱写了护佑人民健康的新篇章。

敬佑生命　守护人民健康

"如果祖国有需要,我会再一次出发,用生命来守护人民的生命安全。"首都医科大学附属北京朝阳医院副院长童朝晖说。

武汉、北京、哈尔滨、吉林、青岛、石家庄、通化……2020年以来，童朝晖先后奔赴多个"抗疫战场"，连续抗疫250余天，行程超过2万公里。他始终战斗在抗疫最前沿，成功救治了大量危重症患者。

"守在患者身边"，是童朝晖的习惯。2020年1月18日，童朝晖作为中央指导组专家抵达武汉。面对肆虐的疫情，童朝晖一头扎进病房，快速摸清新冠肺炎重症患者情况，提出将重症患者救治作为重中之重的建议。

童朝晖和其他重症专家一起制定了气管插管流程，对如何具体操作、如何做好防护等问题，一一作出解答。每到一个床位，他都会趴在患者面前，查看患者气管插管位置、气囊压力、呼吸机模式以及参数设置等，甚至连床单元的摆放等细节都不放过。"适宜的气囊压力摸上去的手感，比摸自己的鼻尖要软一些，比嘴唇摸着要硬一些。"他的这些临床经验，都是从一线得来的。

2020年除夕之夜，广州中医药大学第二附属医院副院长张忠德临危受命，奔赴抗疫前线。在前往武汉的高铁上，整个车厢只有他一个人。到达武汉之后，见到接站人员，他问的第一句话是："患者在哪里？"

张忠德从事中医呼吸疾病、急诊重症救治工作30多年，是一位经验丰富的临床专家。2020年在武汉抗疫期间，他平均每天工作十几个小时，连续奋战73天，交出了一份出色的"抗疫答卷"。

2021年以来，张忠德再次出征，参与了广东、江苏、云南等由德尔塔毒株引发疫情的救治指导工作。有一次，一位重症病人出现严重的胃肠道症状：腹部胀满、大便不通、胃肠潴留明显。专家组用中药为这名病人退烧、通腑,很快稳住病情。

作为院感防控专家,中南大学湘雅医院感染控制中心名誉主任吴安华不惧风险,多次深入疫情防控一线。2020年,吴安华前往武汉参加疫情防控,在72天的奋战中,他为125支医疗队的近1.4万名医务人员做过感控培训。"作为感控人员,我们要有一种无私无畏的精神,要有一种乐于奉献的情怀。"他说。

天津市疾病预防控制中心副主任张颖是一位胆大心细的"神探"。在天津市宝坻区百货大楼疫情防控中,张颖对病毒"传播链条"的精彩讲解走红网络。在流行病学调查中,她常常通过情景重现,精确描绘出病毒传播的"路线图"。

"比如有一个阳性感染者曾经去过医院,在医院里走了很多圈。我们必须从进医院大门开始,沿着他走过的路线验证他说的是否正确。几点去的,待了多长时间,跟谁接触过,中间经过哪些诊室,经过哪个楼道,旁边有什么样的情况,都必须落实到位。"张颖说。

抗击新冠肺炎疫情期间,有一位科学家连续作战200多天,积劳成疾,不幸离世,年仅53岁。他叫赵振东,生前任国务院联防联控机制科研攻关组疫苗研发专班技术组组长、中国医学科学院病原生物学研究所研究员,被誉为"新冠疫苗守护者"。

为了加快实验进展,赵振东总是第一个到实验室,最后一个离开。赵振东团队的一项研究成果是构建新冠病毒复制子体系,为抗病毒药物的筛选和评价提供了安全有效的工具。他还带领课题组开展了多项新冠疫苗研究,将生命的最后一点光亮献给了祖国的医学事业。

救死扶伤 不负性命相托

"对于每一个患者，医生都要做'加法'，每一次手术都要让患者有所得。"这是中国工程院院士、复旦大学附属华山医院手外科主任顾玉东的肺腑之言。

1986 年，黑龙江佳木斯的一个年轻人因骑摩托车遭遇车祸，肋骨被撞断，按照以往的经验，患者侧膈神经、副神经和颈丛神经全部受到损伤，基本无法救治。但是，顾玉东没有放弃最后一线希望，他认真总结过去 1000 多例手术的经验，提出一个大胆的想法：或许可以将臂丛神经中的颈 7 神经借过来，使患者瘫痪的手臂重新恢复功能。

于是，顾玉东向医学"禁区"发起挑战。经过 10 个小时的显微手术后，他兴奋得一夜未眠，第二天早上 6 点就赶到医院。"等他清醒以后，我就叫他把手举起来，结果他真就举起来了。我心里的石头一下就落地了！"

从世界第一例膈神经移植手术到首创"第二套供血系统""健侧颈 7 神经移位术"……顾玉东怀着对患者的仁爱之心，不断攀登医学高峰，创造了许多奇迹。

在北京大学第三医院产科主任赵扬玉的门诊中，从全国各地转诊来的凶险性前置胎盘、妊娠合并症等高危孕妇占到八成以上。她常年保持 24 小时电话畅通，深夜接到急救电话随叫随到。

2012 年，赵扬玉收治了一名从外院转诊来的重型胎盘植入产妇，妊娠 34 周突发腹腔内出血，术后虽然母子平安，但产妇因出血汹涌，最终子宫被切除。此事让赵扬玉开始思考，如何尽可能保全母婴双方。通过不懈的努力，赵扬玉团队率先在国内提出"胎盘植入凶险预测方法"，并创新"止血九步手术法"，提高了抢救的成功率。

在湖北省黄梅县孔垄镇邢圩村卫生室的墙壁上，挂满了村民送来的锦旗。因为这里有一位深受百姓喜爱的乡村医生——邢锦辉。

邢锦辉1993年考入黄梅县卫校，毕业后一直坚守在邢圩村卫生室，成为村民健康的"守门人"。有一年，孔垄镇孔西村来了一名盆腔炎患者，当得知患者家庭经济拮据时，邢锦辉决定为其减免费用。经过两个多月的精心治疗，终于为患者解除了病痛。

"凭良心做人，按良心行医。"这是邢锦辉的座右铭。几十年来，她主动为丧偶患者、残疾人患者减免治疗费，对孤寡老人、贫困户一律免费治疗。她说："健康所系，性命相托。作为医生，不但要有高超的医术，更要有为病人服务的崇高精神。"

甘于奉献　扎根偏远地区

"驻点台江县，帮扶黔东南，辐射贵州省。"在贵州省黔东南苗族侗族自治州台江县，有一位来自浙江的医护人员，她让一家原来"排名垫底的小医院"，变成了具有区域影响力的县级综合医院。

她叫汪四花，浙江大学医学院附属第二医院主任护师。自2016年起赴台江县人民医院担任院长，默默坚守了近5年时间。汪四花引进管理新理念，制定和改进了300多项规章制度和工作流程，并将当地医护人员送到浙江进修，大大提升了县医院的医疗水平和服务质量。

"改变落后医疗条件，为佳县人民服务50年。"这是陕西省榆林市佳县人民医院儿科原主任路生梅的郑重承诺。推广新接生法、创办正规儿科、创建爱婴医院、落实儿童免疫……路生梅扎根黄土高原，一待就是50多年，用一颗爱心守护着百姓健康。

路生梅记得：有一次出诊，她徒步一个多小时来到一名待产妇女家中，进门时发现产妇已经生产，就坐在一个土袋子上。家人担心产妇休克，准备用一把黑乎乎的剪刀剪断脐带。这一幕让她格外痛心。"慢着！"路生梅冲过去夺下剪刀，一边向家属解释，一边拿出消毒器械，给孩子断脐、包裹。

1999年，路生梅退休后，谢绝了很多医院的高薪邀请，留在佳县，义务出诊。路生梅说："自己说过的话，一定要用行动去兑现。"

"这个事儿我得去！高原需要我，我就应该尽最大的努力。"2015年，中国医学科学院北京协和医院检验科副主任邱玲主动报名援藏，成为首批医疗人才"组团式"援藏专家的一员。

进入西藏自治区人民医院后，邱玲广泛调研了常见病种、患者情况及检验科的服务能力。经过3年多的努力，该院检验科成为符合国际标准的临床实验室。援藏期满后，她又5次返藏，为高原医疗事业贡献力量。

自2016年起，我国医疗人才"组团式"援疆号角吹响。在援疆团队支援下，2017年12月，和田地区人民医院成立了眼科，为当地白内障患者带来了光明。患者艾比布拉患有严重的先天性白内障，几近失明。在援疆专家的帮助下，他先后在和田、天津完成多次手术，终于走出黑暗。

在援受双方共同努力下，新疆受援医院医疗服务能力、医院管理水平、人才梯队建设、科研教学能力等均有了显著提升,就医环境明显改善,患者满意度不断增强,新疆卫生健康事业实现了跨越式发展。

《人民日报》2021 年 8 月 18 日

《闪亮的名字——2021最美医生》发布仪式,中央广播电视总台,2021 年 8 月 19 日